Wo kommen wir her und

wo gehen wir hin?

Christoph J. Firneis

Wo kommen wir her und

wo gehen wir hin?

Wie das Leben den Tod besiegt hat

Bibliographische Information der Deutschen Nationalbibliothek:
Die Deutsche Nationalbibliothek verzeichnet diese Publikation in der
Deutschen Nationalbibliographie; detaillierte bibliographische Daten sind im
Internet über http://dnb.dnb.de abrufbar.

Illustration: Christoph J. Firneis

Herstellung und Verlag: BoD – Books on Demand, Norderstedt

ISBN: 978-3-7386-9035-4

Inhalt

Vorwort

Dafür, dass Sie sich dazu entschlossen haben, ein Buch mit einem solch seltsamen Thema überhaupt aufzuschlagen, verehrte Leser, möchte ich Ihnen erst einmal danken. Dass solche Themenbereiche, die mit Tod und Sterben zu tun haben, im Allgemeinen nicht gerade die interessantesten sind, versuche ich ein Bisschen zu widerlegen. Eigentlich wollte ich etwas zum Trost für Trauernde zur besseren Trauerbewältigung schreiben, aber da das Thema viel umfangreicher ist, ist ein Textwerk entstanden, das das Thema aus verschiedenen Perspektiven betrachtet. Als vor knapp zwei Jahren in unserem Sportverein zwei Freunde, die so alt wie ich (um die 50) waren, ziemlich kurz hintereinander und unerwartet gestorben waren, war die Stimmung im Club sehr am Boden. So ganz „nebenbei" hatten die beiden sich als langjährige Mitglieder und Spieler sehr um den Verein verdient gemacht. Als eine Clubkameradin dann noch anmerkte, dass es für sie bereits die sechste Beerdigung in jenem Jahr war, hätte ich den Trauernden am liebsten geholfen, aber ich kann ja nicht so ganz plötzlich ein Thema beginnen, mit dem ich persönlich mich zwar einigermaßen intensiv beschäftigt habe, das aber die anderen noch weiter herunterreißt, als sie es eh schon sind.

Obwohl ich den wissenschaftlichen Beweis, dass es den Tod nicht gibt, nicht liefern kann, so kann ich zumindest davon berichten, dass es eine Sterbeforschung gibt, die auch bereits interessante Zwischenergebnisse hervorgebracht hat, und dass an den scheinbar merkwürdigen Dingen, von denen z. B. in der Kirche erzählt wird, sogar etwas „dran" ist.

Doch keine Angst! Sie haben keinen Text eines fanatischen Kirchen- oder Sektenmitglieds vor sich, das von der eigenen Lehre möglichst viele überzeugen will, sondern es besteht berechtigte

Veranlassung, darauf zu vertrauen, dass alle Weltreligionen nicht so falsch liegen und sich irgendwie auf dem richtigen Weg befinden. Dass die Religionen eine reelle Chance haben, einander näherzukommen, scheint auf den ersten Blick nicht so leicht glaubhaft zu sein, aber die Wahrheitsfindung erfordert eine Bereitschaft zum Dialog, der tatsächlich möglich ist. Selbst wenn Sie, verehrter Leser, überzeugter Atheist sind, könnte sich ein Weiterlesen durchaus lohnen.

Von der Diskussion ausgeschlossen sind nur solche, die sich selbst ausgeschlossen haben: Falls Sie in irgendeiner Form solchen Gruppen von Übergeschnappten begegnen sollten, die von sich behaupten, die „wahre Religion" zu besitzen, noch dazu, wenn Sie nur hasserfüllte Gesichter zu sehen bekommen, die barbarische, menschenverachtende Parolen herausschreien, dann lassen Sie diese gehirnkranken Idioten besser gar nicht an sich heran!

Doch kommen wir wieder zurück zu den gesunden und „normalen" Bereichen: Sie werden noch staunen, denn ein paar Einblicke in Realitäten, die über diese materielle Welt, die wir mit unseren fünf Sinnen wahrnehmen, hinausgehen, sind tatsächlich möglich. Auch ohne einen religiösen Fanatismus. Besser gesagt, gerade ohne so einen, da er sogar hinderlich wäre.

Damit Sie einigermaßen Bescheid darüber wissen, mit was für einem Autoren Sie es zu tun haben, verrate ich noch, dass ich katholisch bin und bei uns in der Gemeinde so etwas wie ein ehrenamtlicher „Aushelfer" bin, allerdings ohne konkrete Funktion. Dass meine Mutter in ihrer evangelischen Kirchengemeinde in etwa das Gleiche macht, erscheint schon irgendwie witzig. Aber warum eigentlich nicht?

Im Verlauf des vorliegenden Buches kommt noch einige Male zur Sprache, dass eine relativ überkonfessionelle Grundhaltung schon nicht die schlechteste Einstellung ist. Ebenso kann es von Vorteil sein, auch mal über die eigene Religion hinauszudenken, selbstverständlich ohne die eigene Weltanschauung aufzugeben.

Im Verlauf des Buches werden zu einzelnen Themen und Themenbereichen Standpunkte vertreten, die, was hier ausdrücklich betont werden muss, man teilen kann, aber nicht muss. Man kann es lediglich so sehen.

1. Leben und Tod

1.1 Die Schreckensnachricht: Ein Sterbefall

Ach du Schreck! Schon wieder ist jemand verstorben. Aus der Nachbarschaft. Oder aus dem Bekanntenkreis. Oder ein guter Freund / eine gute Freundin. Oder aus der eigenen Familie. Das ist das Schlimmste, was passieren konnte. Musste das denn passieren? Jetzt ist es mit ihm / ihr zu Ende. Aber ich wollte doch diesem Menschen noch etwas mitteilen. Oder musste ich noch etwas „gutmachen"?

Der Tod ist ja irgendwie so etwas Endgültiges. Es gibt kein Zurück mehr. Daran ist nichts mehr zu ändern. Aber wie bewältigt man dann diese Situation? Wenn es einen flüchtigen Bekannten oder Arbeitskollegen getroffen hat, dann begibt man sich zur Trauerfeier, erweist dem Betroffenen die „letzte Ehre" und hofft, dass alles schnell vorbeigeht, um dann am nächsten Tag wieder zur normalen Tagesordnung überzugehen. Auf jeden Fall hofft man, das Thema „Tod" schnell wieder hinter sich lassen zu können, denn das ist ja etwas Unangenehmes. Man weiß auch nicht so richtig, was man den Hinterbliebenen am besten sagen soll. Wichtig ist vor allem, dass man schnell wieder „weg" ist. Außerdem soll es vorkommen, dass man gegenüber dem verstorbenen Menschen ein „schlechtes Gewissen" hat. Für diesen Fall kauft man „mal eben" einen riesigen Kranz oder einen überdimensionalen Blumenstrauß. Ein luxuriöser Grabstein, der die Geldbörse so richtig in Mitleidenschaft zieht, muss auch schon mal zur Gewissensberuhigung herhalten, wobei über den zweifelhaften „Nutzen" wohl eher weniger nachgedacht wird. Verständlich ist es ja, weil dieses Thema ja nicht gerade das Angenehmste ist. Machen Sie sich deswegen keine Vorwürfe! Das ist alles ganz natürlich und normal. Aber denken Sie hierüber einmal genau nach! Sind Sie wirklich „erleichtert", wenn Sie für einen Verstorbenen ein riesiges Gärtnereigebinde gekauft haben? Glauben

Sie tatsächlich, dass dem Verstorbenen das noch etwas nützt? Geht das nicht eher in die Richtung des Ablasshandels im Mittelalter, dessen eindeutiger Unsinn heute nicht einmal mehr zur Diskussion steht? Hier bleibt nun wirklich unmissverständlich festzustellen, dass man, wenn man einem Menschen etwas Gutes tun will, dieses ausschließlich zu Lebzeiten zu erledigen hat, denn alles, was man krampfhaft im Nachhinein nachholen zu können glaubt, nützt effektiv überhaupt nichts mehr. Weder dem verstorbenen Menschen noch den Hinterbliebenen.

Und dennoch kann man etwas Sinnvolles machen, was auch wirklich hilft: Wenn man meint, gegenüber der verstorbenen Person etwas versäumt zu haben, also wenn man meint, Chancen dazu verpasst zu haben, dann kann man Folgendes machen: Nehmen Sie sich ganz fest vor, diesen Fehler bei anderen nicht zu wiederholen! Das wird der verstorbene Mensch, dessen Seele und Geist weiterexistieren, worauf ich später noch zurückkommen werde, bei dem Sie diese Chancen versäumt haben, verstehen. Auf diese Weise kann man mit dem Verstorbenen ins Reine kommen, mit sich selbst ins Reine kommen und (wenn man Christ ist) auch mit Christus ins Reine kommen. Hierbei wird das, was man sich vornimmt, natürlich oft nicht in dem Maße erfüllt, wie man es sich vornimmt, aber dass man sich ständig bemüht, ist das Allerwichtigste. Dass man sich zu viel vornimmt und dann nicht alles vollständig schafft, ist nicht schlimm. Das ständige Bemühen ist hierbei von Bedeutung. Wir alle scheitern oft genug im Leben und sind uns hinterher dessen bewusst, dass wir das eine oder andere hätten besser machen können. Das Wichtige in diesem Zusammenhang ist, dass wir aus den jeweiligen Situationen lernen. Sowohl dann, wenn wir etwas gut, als auch dann, wenn wir etwas schlecht gemacht haben.

1.2 Seelsorger

Und was machen eigentlich die Seelsorger? So richtig Trost bekommt man von denen in vielen Fällen nicht – wobei es positive Ausnahmen gibt. Aber warum sind es nur Ausnahmen? Was ist denn der zentrale Inhalt dessen, was wir glauben sollen? Wir hören doch sonntags immer die „frohe Botschaft" (griech.: Evangelium / Evangelion = frohe Botschaft). Diese frohe Botschaft, die den Menschen verkündet worden ist, beinhaltet, dass mit dem physischen Tod eben nicht alles „aus" ist und dass das Leben weitergeht. Warum bekommen wir das gerade dann nicht zu hören, wenn wir es am nötigsten brauchen?

1.3 Krankenhäuser

In Krankenhäusern, wo – logischerweise – auch schon mal Patienten sterben, werden Verstorbene schnell „versteckt", damit bloß niemand etwas davon mitbekommt, denn ein verstorbener Patient wird immer als ein Misserfolg, als ein Scheitern der Ärzte gedeutet. Und wer steckt schon gerne Niederlagen ein?

1.4 Umgang mit dem Thema Tod im Alltag

Besonders in unserer Gesellschaft, d. h. in Mitteleuropa und Nordamerika, wird das Thema „Tod" immer wieder ausgeklammert, wegdiskutiert, verdrängt oder beiseitegeschoben, aber es ändert nichts daran, dass er irgendwann doch mal eintritt. Das hat auch Dr. Elisabeth Kübler-Ross, Ärztin und bekannteste Sterbeforscherin der Welt (1926–2004), immer wieder beklagt (1). An dieser Stelle muss ich zugeben, dass ich mich früher möglichst auch immer um Beerdigungen und dergleichen herumgedrückt habe, denn das ist ja unangenehm und man weiß nicht so richtig, wie man sich am besten verhalten soll. Und den eigenen Tod verdrängt man erst recht, obwohl man weiß, dass er unausweichlich ist, denn ich habe bisher noch nie von einem beispielsweise 253-Jährigen gehört oder gelesen, sondern wenn man mal die 100 geschafft hat – wenn überhaupt –, dann muss man schon wissen, dass dann nicht mehr viel dazukommt. Für mich schien es lange geradezu selbstverständlich zu sein, dass Oma und Opa (mindestens) 100 werden, denn die waren ja immer gesund (na ja, relativ). Als Opa mit fast 89 starb, war das für mich schwer zu schlucken, und nachdem Oma mit 96 gestorben war, begann ich mich für das Thema „Tod und Sterben" und was danach kommt, oder ob denn überhaupt noch etwas kommt, zu interessieren. Bis dahin hatte ich viel mehr Interesse am Fernsehen als am Lesen, aber da man im Fernsehen dieses Thema so gut wie überhaupt nicht findet, blieb nur das Lesen übrig, weshalb ich jetzt endlich wieder mehr lese. Bücher zu diesem Thema gibt es übrigens genug.

Darüber, dass meine Eltern noch leben und mit Mitte 70 noch bei, na ja, zweit- bis drittbester Gesundheit sind, bin ich natürlich sehr froh. Dass beide immer noch sehr gut kochen können, kommt als angenehme Begleiterscheinung noch hinzu. Es wäre ja sehr schön, wenn sie auch noch über 90 werden, aber ab einer bestimmten Jahreszahl, so unterschiedlich alt wir auch werden, muss uns bewusst sein, dass wir alle irgendwann einmal voneinander Abschied nehmen müssen, was unsere irdische Existenz betrifft. Doch an dieser Stelle können wir für eine Sache sozusagen vorsorgen: Wenn man zu Lebzeiten miteinander in Frieden ist, dann wird das Abschiednehmen leichter sein. Nicht leicht, aber leichter. Bitte denken Sie rechtzeitig daran!

1.5 Materielle Welt – geistige Welt

Es ist, zugegeben, nicht zu ändern, dass wir mit unseren fünf Wahrnehmungsmöglichkeiten die geistige Welt nicht spüren, nicht fassen, nicht wahrnehmen können, weshalb ich selbstverständlich einsehen muss, dass das nicht so richtig Trost spenden kann, wenn wir einen Menschen „verloren" haben. Dennoch ist von meiner Seite aus zu betonen, dass unsere Verstorbenen nicht einfach „weg" sind, worauf ich später noch zurückkomme. Nein, sie sind alle noch da! Und sie sorgen sich sogar um uns und wollen auch unser Bestes. Ebenso teilen sie uns immer wieder irgendwelche Dinge mit; sie versuchen, uns Rat zu geben und uns in irgendeiner Art und Weise weiterzuhelfen, wobei das, was uns tatsächlich weiterhilft, etwas ganz anderes sein kann als das, was uns nach unserer Vorstellung weiterhelfen mag. Anders ausgedrückt: Das, was wir gerne hätten, ist oft nicht das, was uns effektiv am besten weiterhilft. Außerdem scheitern die Mitteilungsversuche unserer Lieben aus dem Jenseits nur allzu oft daran, dass unsere „Antenne" nicht richtig funktioniert, weil wir nicht bereit sind, derartige Botschaften zu empfangen. Wir bilden uns ein, uns auf die materielle Welt beschränken zu müssen. Dabei ist diese materielle Welt, dieses Universum noch lange nicht alles, was es gibt; denn es gibt noch viel mehr!

Eine interessante Todesanzeige ist mir in einer Vortragsreihe von Prof. Dr. Walter van Laack (2) gezeigt worden. Darin lautet der Text: „Ich habe jetzt eine neue Adresse. Wir bleiben in Kontakt." Das kommt der Wahrheit schon ziemlich nahe.

Sobald ein Mensch, d. h. ein Kind geboren wird, altert es und stirbt irgendwann; ebenso wenn ein Stern entsteht, altert er und vergeht irgendwann. Das sind die Gesetzmäßigkeiten in der materiellen Welt. In der geistigen Welt nicht! (2) Hier gibt es die Dimension Zeit nicht. Anders: Hier spielt die Dimension Zeit keine Rolle. Die Formulierung „Alles passiert gleichzeitig" habe ich auch schon mal gelesen, aber das dürfte jetzt eher ein bisschen verwirren und die

Vorstellungskraft über Dimensionen, die wir kennen, und über Dimensionen, die wir (noch) nicht kennen, von vielen von uns möglicherweise etwas übersteigen.

Übrigens: Wenn alles gleichzeitig passiert, dann müsste ja eine Hälfte aller Wesen völlig überfordert sein (grins!). – Entschuldigung, diese Bemerkung war jetzt doch nicht so ganz ernst gemeint.

Im Übrigen wird bereits im Evangelium der Maria Magdalena (Huch, gibt's das auch? – Ja, das gibt's auch!) darauf hingewiesen, dass alles, was aus Materie besteht, nicht von dauerhaftem Bestand ist. (3) Wenn die materielle Welt und die geistige Welt aufeinandertreffen, dann ist das für unsere Aufnahmefähigkeiten immer etwas schwierig. Als Beispiel nehmen wir mal den brennenden Dornbusch, der dem Moses erschienen ist. Hierbei musste Gott sich Moses zu erkennen geben im Rahmen der drei Dimensionen, die ein Mensch kennt, und im Rahmen der fünf Wahrnehmungsmöglichkeiten, die ein Mensch kennt. Nach der Beschreibung des Geschichtsschreibers dieser Geschichte aus dem Alten Testament zeigte sich Gott also sowohl visuell als auch auditiv. Was das Visuelle betrifft, so hat es sich wahrscheinlich um eine Vision gehandelt, d. h. dass, wenn mehrere Personen anwesend gewesen wären, nur Moses das Feuer hätte „sehen" können oder nur diejenigen, die es nach dem Willen Gottes hätten „sehen" sollen. Denn gemäß der Bibelstelle brannte der Dornbusch zwar, aber er verbrannte nicht. Anders formuliert: Wer die Vision nicht hatte, sah den Dornbusch so, wie er war, also ganz normal und natürlich. Wer aber die Vision haben sollte – in diesem Fall Moses –, sah ebenso den Dornbusch, genauso normal, ohne durch Verbrennung schwarz zu werden, und sah aber zusätzlich das Feuer. Dieses Feuer verbrannte den Dornbusch nicht, weil es (nur) Bestandteil der Vision war.

Was das Auditive betrifft, so ist wohl am ehesten anzunehmen, dass die Information von Gott zu Moses durch direkte Gedankenübertragung stattfand. Die Kommunikation in der geistigen Welt erfolgt nämlich nicht durch Sprache, welche auch immer, mit Wörtern und

Sätzen und Grammatik usw., sondern durch Telepathie, also Gedankenübertragung. Das bedeutet, dass die Geistwesen in der geistigen Welt ihre Mitteilungen nicht erst in Worte kleiden müssen, die dann vom Empfänger wiederum dekodiert werden müssen. Somit können die Geistwesen sich auch nicht missverstehen – im Gegensatz zu uns hier in der materiellen Welt. Wir drücken uns entweder zu ungenau aus oder interpretieren die in Worte gepackte Information, die wir vom anderen erhalten, falsch, und schon entsteht irgendeine Antipathie, eine Missdeutung, ein Streit, obwohl es sich eigentlich nur um ein Missverständnis handelt.

Ein anderes Beispiel ist das Ereignis von Christi Himmelfahrt, das wir im christlichen Kulturkreis jedes Jahr feiern, von dem aber viele nicht auch nur im Ansatz erklären können, worum es sich hierbei handelt. Dass „Christi Himmelfahrt" auch „Vatertag" ist, wissen wohl die meisten, ebenso dass man an diesem Tag frei hat und dass es etwas zu saufen gibt. Tatsächlich aber heißt „Christi Himmelfahrt" deshalb auch „Vatertag", weil man dessen gedenkt, dass der Sohn zum Vater heimgekehrt ist.

Hier entsteht wieder ein neues Missverständnis: In der Apostelgeschichte schreibt der Geschichtsschreiber, dass „die Jünger sahen, wie Jesus zum Himmel emporfuhr".

Das ist allerdings nur die Wortwahl, die dem Geschichtsschreiber zur Verfügung stand oder die er für die verständlichste Formulierung hielt. Oder glauben Sie etwa, dass es sich hierbei um so etwas Ähnliches wie einen Start in Cape Canaveral handelt? (4)

Eine genauere Beschreibung wäre vielleicht: „Die Jünger nahmen in irgendeiner Weise wahr (in welcher Weise auch immer), dass Jesus von der materiellen Welt in die geistige Welt überging." Diese Formulierung kommt der Realität schon bedeutend näher.

An dieser Stelle tritt das Thema „Dreifaltigkeit Gottes" in Erscheinung, mit der so viele Christen nicht ganz so gut klarkommen, weshalb ich hier eine kurze Erklärung für nicht ganz unerlässlich halte: Den Christen wird schon mal vorgehalten, dass sie an drei Götter glauben. Das ist Unsinn. Das Christentum ist immer noch ein Monotheismus. Gott ist EINE Wesenheit, wenn auch in drei Erscheinungsformen: Gott als Vater, der alles erschaffen hat, Gott als Sohn, der als Mensch auf die Erde kam, und Gott als Heiliger Geist, der alles überwacht und kontrolliert und auch schon mal Dinge veranlasst, die einfach geschehen „müssen". Das geschieht meistens unauffällig, sodass niemand etwas merkt, aber manchmal muss eben mal ein Wunder geschehen. Die Trinität (Dreifaltigkeit) Gottes, der zugleich Vater, Sohn und Heiliger Geist ist, könnte in anschaulicher Weise so erklärt werden, dass z. B. aus einem herkömmlichen rohen Hühnerei ein gekochtes Ei oder ein Rührei oder ein Spiegelei gemacht werden kann. Es ist aber ein und dasselbe Ei. Dass man sich bei dem Ei für eine Möglichkeit entscheiden muss, die dann unumkehrbar ist, während Gott gleichzeitig alles sein kann, liegt natürlich daran, dass Gott mehr Handlungskapazitäten hat als so ein blödes Ei.

Verständnisfehler, die dann zu falschen religiösen Ritualen führen, gibt es in anderen Religionen auch: Im Buddhismus z. B. gibt es keinen Gott als eigenständiges, übergeordnetes Wesen, aber der Religionsstifter Buddha wird oft wie eine Gottheit angesehen und verehrt, obwohl er, zwar mit ungewöhnlicher, unglaublicher Weisheit ausgestattet, doch nur ein Mensch war.

Der Begriff „Gottheit" muss hier verwendet werden, wie vergleichbar bei den Gottheiten der antiken Griechen, Römer, Germanen usw., die ihre Gottheiten als Projektion hervorbrachten. Der Begriff „Gott" ist ausschließlich – und nur dann! – zu verwenden, wenn nur Gott, und sonst nichts und niemand, gemeint ist. Das müsste eigentlich bei Christen, ebenso wie bei Juden, allgemein bekannt sein. Über den Islam brauche ich nicht viel zu schreiben, denn der ist sowieso schon jeden Tag in den Schlagzeilen der Nachrichten. Da ich das Thema Wunder angeschnitten habe, muss ich auch auf die Frage eingehen, was Wunder denn eigentlich sind: Wunder sind diejenigen Geschehnisse, die noch nicht erklärt werden können, für die es aber irgendwann, wenn die Wissenschaften mal so weit sind, eine Erklärung geben wird.

Schließlich ist noch zum christlichen Pfingstereignis, das an die Ausgießung des Heiligen Geistes erinnert, als Zusatzinformation hinzuzufügen, dass es sich hierbei um eine spirituelle Erfahrung handelt, die die Beteiligten erlebten. Dass jeder das, was der Heilige Geist mitzuteilen hatte, in seiner Sprache verstand, wie es in der Apostelgeschichte steht, ist nur so erklärbar, dass die eigentliche Kommunikation durch direkte Gedankenübertragung erfolgte, für die keine Sprache der materiellen Welt erforderlich ist.

Was hier deutlich wird – und nicht nur hier! –, ist, dass die materielle Welt und die geistige Welt nicht vollkommen voneinander getrennt sind, sondern auch schon mal aufeinandertreffen.

1.6 Was ich mitzuteilen habe

Dieses Buch ist keine wissenschaftliche Arbeit, sondern soll auf einfache und verständliche Weise Lebenshilfe für den Alltag und für Problemsituationen vermitteln. Ebenso strebe ich keinen finanziellen Gewinn an, schon alleine deshalb, um glaubwürdig zu erscheinen und zu sein. Natürlich bin ich froh, wenn ich die entstehenden Aufwandskosten, von deren Höhe ich zum Zeitpunkt des Schreibens dieser Zeilen noch keine Ahnung habe, wieder hereinbekomme, während ich mit einem Gewinn gar nicht rechne. Falls sich dennoch tatsächlich so etwas wie ein Gewinn andeuten sollte – egal ob es zwei Euro fünfzig oder ein paar Hundert oder gar ein paar Tausend sein sollten –, so wird es meine Aufgabe sein, diese Mittel – und zwar komplett (!) – sinnvoll und sozial einzusetzen, aber das muss erst einmal eintreffen. In einem solchen Fall würde ich Opfer von Gewaltverbrechen und Zwangsprostitution unterstützen, denn wenn man genau den Menschen hilft, die absolut gar nichts zu lachen haben, die nur Mist und Scheiße kennen, die ganz „unten" sind, dann kann man wohl nicht viel falsch machen. Ich selbst habe in nunmehr 51 Jahren mit Unfällen, Krankheiten, Krankenhausaufenthalten, von Operationen ganz zu schweigen, und auch mit Gewalt so gut wie nichts zu tun gehabt. Ebenso bin ich im Leben schätzungsweise rund eine Million Kilometer Auto gefahren und habe lediglich ein paar Blechschäden verursacht, die sich bei solch einer Gesamtstrecke nur schwer vermeiden lassen, habe aber selbst keine einzige Schramme abbekommen, ebenso wie meine Mitfahrer und andere irgendwie Beteiligte auch. Das kann – rein theoretisch – natürlich „Zufall" sein, aber meiner Meinung nach hat es einen bestimmten Grund, den ich noch herauszufinden versuche, und es muss auch irgendeinen tieferen Sinn haben, denn mittlerweile vertrete ich den Standpunkt, dass es keine Zufälle gibt und dass alles, was im Universum passiert, einen Sinn hat (1).

Für den – eher zu erwartenden – Fall, dass ich mit meinem Buch ganz und gar nichts bewegen kann und komplett scheitern sollte, dann braucht niemand zu dem Irrglauben zu kommen, dass der Versuch keinen Sinn gehabt hat, denn dann wäre mein Scheitern nur ein Anreiz für den Nächsten oder Übernächsten, der einen ähnlichen Versuch wagt. Folglich wird irgendwann mal jemand Erfolg haben. Das wichtigste Ziel ist, das Schlechte aus dieser Welt hinauszujagen und das Gute zum Sieg zu führen. Ob ich dabei zu den Scheiternden oder zu den Erfolgreichen gehöre, ist nun wirklich so ziemlich das Unwichtigste, was es gibt.

Nachdem ich mich seit knapp drei Jahren für das Thema „Thanatologie" (griech.: „Wissenschaft vom Tod"), d. h. „Sterbeforschung", interessiert habe und natürlich weiterhin interessiere, bin ich bei der Erkenntnis angelangt, dass der Sinn des Lebens u. a. darin besteht, dass man den Menschen dient, dem Fortschritt dient und die Menschheit in irgendeiner Form voranbringt, und zwar jeder Mensch nach seinen Möglichkeiten. Ein US-Präsident beispielsweise hat ja deutlich mehr Möglichkeiten, auf Mitmenschen Einfluss zu nehmen, als ein Obdachloser. Zugegeben, wenn der Präsident den Kongress gegen sich hat, dann ist er sozusagen eine „arme Sau", denn dann ist er de facto längst nicht mehr der mächtigste Mensch der Welt, sondern schwer eingeschränkt. Aber wenn wir uns mal den Obdachlosen in unserem Beispiel betrachten, dann müssen wir zugeben, dass man von so einem ganz und gar nicht verlangen kann, dass er sich nebenbei auch noch sozial engagiert, weil er ja jeden Tag 24 Stunden allein damit beschäftigt ist, seinen eigenen „Arsch" aus der „Scheiße" zu ziehen. Ich erlaube mir an dieser Stelle mal eine solche Ausdrucksweise, denn wenn wir uns mal ein bisschen anstrengen, könnten wir ja durchaus mal versuchen, uns in so eine Situation hineinzuversetzen, denn wenn im Leben so ziemlich alles schiefläuft und nichts klappt, dann kann dieses Schicksal so ziemlich jeden von uns treffen.

Also, wenn ein Obdachloser nicht zu aggressiv bettelt und nicht „rumkrakeelt", dann hat er praktisch seine Pflicht gegenüber der Allgemeinheit erfüllt, denn er kann für die Gesellschaft effektiv nicht noch mehr tun. Der Einfachheit halber bin ich jetzt beim „er" geblieben, obwohl es auch immer mehr obdachlose Frauen gibt. Auch dieses Elend bleibt uns leider nicht erspart.

Aber jeder von uns kann etwas zur positiven Entwicklung der Menschheit beitragen – wie gesagt, jeder Mensch nach seinen Möglichkeiten. Ein Wissenschaftler z. B. kann durch Erfindungen und/oder durch neue Erkenntnisse in seinem Fachbereich den Menschen im Allgemeinen dienen. Ein Politiker oder Firmen- bzw. Konzernchef kann durch Einflussnahme effektiv auf seine Umgebung einwirken. Natürlich positiv ebenso wie negativ. Das Gleiche kann ein Lehrer, Polizist, Busfahrer, Verkäufer usw., und zwar jeder Mensch im Rahmen seiner Möglichkeiten.

Auch im Alltag können wir sowohl positiv als auch negativ auf unser Umfeld einwirken. Hier komme ich wieder auf Dr. Elisabeth Kübler-Ross zurück, nach der jeder von uns in sich eine Mutter Teresa und einen Hitler hat.

Stellen wir uns einmal eine alltägliche Situation im Straßenverkehr vor: Wir geben jemandem, der mal nicht aufgepasst hat und uns aus Versehen die Vorfahrt genommen hat, trotzdem mit freundlicher, versöhnlicher Geste die Vorfahrt: Das ist Mutter Teresa. Oder: Wir zeigen einem anderen Verkehrsteilnehmer – am besten noch wegen einer Bagatelle – einen Vogel, und schreien aus dem Auto heraus irgendwelche blödsinnigen Pöbeleien: Das ist Hitler. Und wir sind ALLE zu BEIDEM fähig! Wir sind alle, und zwar Tag für Tag, Situationen ausgesetzt, in denen wir uns entscheiden müssen (oder können), ob wir uns für die eine oder die andere Art und Weise entscheiden, auf eine Alltagssituation zu reagieren. Das heißt, dass wir praktisch alltäglich entscheiden können – oder müssen –, ob wir unser Umfeld positiv oder negativ beeinflussen. Über die Tragweite unseres Handelns sind wir uns allerdings meistens gar nicht bewusst, weil wir über die Nachhaltigkeit des menschlichen Handelns in aller Regel nicht nachdenken, was in der Hektik des Alltags ja auch irgendwie verständlich ist.

Den Menschen dienen durch unser aktives Handeln ist der eine Sinn des Lebens. Der andere Sinn, und zwar in Hinsicht auf uns selbst, ist, dass die Seele sich ständig weiterentwickelt, und zwar hin zu Mutter Teresa und weg von Hitler. Diese beiden Beispiele aus der Menschheitsgeschichte sind natürlich austauschbar, denn genauso gut können wir einerseits auch Franziskus von Assisi oder Gandhi und andererseits genauso Kaiser Nero, Jack the Ripper oder Bin Laden als Beispiele nehmen.

Zu beachten ist außerdem, dass man, wenn man sein eigenes Handeln überdenkt, nicht gleich verzweifelt darüber sein muss, wenn man einsieht, dass man auch mal falsch gehandelt hat. Denn dann hat man zumindest daraus gelernt und hat somit die Chance erkannt, in der nächsten ähnlichen Situation vielleicht besser zu agieren bzw. zu reagieren. Diese Chance nämlich, etwas gelernt zu haben und vielleicht etwas demnächst besser machen zu können, nimmt man sich selbst weg, wenn man sein eigenes Handeln schönredet oder schöndenkt und immer die anderen als Übeltäter verurteilt.

Vielleicht sind die anderen ja doch nicht immer die „Blöden". Vielleicht bin ich ja auch mal der-/diejenige, der/die irgendetwas nicht richtig bedacht hat.

Oft handelt man auch aus einer Laune heraus in einer bestimmten Art und Weise. Egal ob es dann das Richtige oder das Falsche war, was wir gemacht haben, so ist alles sozusagen „menschlich". Es ist jedoch keine Stärke, immer als derjenige dastehen zu wollen, der recht hat, sondern genau das ist eine ganz große charakterliche Schwäche! Diejenigen hingegen, die bereit sind, aus allem, ob gut oder schlecht, egal ob von einem selbst oder von anderen, zu lernen, sind charakterlich viel, viel stärker! Auch deshalb, weil sie bereit sind, auch mal zuzugeben, falsch gehandelt zu haben und etwas gelernt zu haben. Was ist denn daran so schlimm? Genau das ist charakterliche Größe, dass man bereit ist, psychisch und geistig zu wachsen. Und wenn man gerade dann Hohn und Spott erntet? – Dann weiß man zumindest, dass die anderen die Idioten sind, die nichts kapiert haben.

Was glauben Sie, wie ich mich schon in der Schule darüber aufregte, dass genau diejenigen, die in Sozialkunde, Deutsch, Geschichte, Philosophie usw. am meisten über „sozial" gequatscht haben, die Asozialsten im Verhalten waren?

Meiner Mutter kann es nur sehr ähnlich gegangen sein, weil sie auf jeder ihrer Arbeitsstellen immer erstklassige Leistungen hervorbrachte, die oft nicht angemessen belohnt wurden. In der heutigen Zeit kann sie froh darüber sein, dass sie Rentnerin ist, denn wer einwandfrei arbeitet, aber keine Show darüber abzieht, wird heutzutage beschissen bewertet, obwohl die Arbeit gut oder sehr gut geleistet wird.

Die gleiche Unausgewogenheit erlebt man in den Arbeitsagenturen, wo die meistens unverschuldet arbeitslos gewordenen „Neukunden", die Jahre und Jahrzehnte lang brav gearbeitet haben, genauso behandelt werden wie die arbeitsscheuen Langzeiterwerbslosen, was zwar von Politikern sogar zugegeben wurde, worüber man sich schon wundern kann, weil bei Politikern grundsätzlich immer „die anderen" schuld sind, aber daraufhin mal zu handeln fällt den Politikern dann auch nicht ein, denn es reicht ja aus, dass man sich auf einem Schuldeingeständnis ausruht.

Seit die Leiharbeit eingeführt wurde, die mittlerweile unerträgliche Ausmaße erreicht hat, ist die soziale Gerechtigkeit unter aller Kritik. Und das nicht nur, was die Bezahlung betrifft, sondern auch, wie die Menschen behandelt werden. Aber die Politik lässt sich lieber von der Wirtschaft beherrschen, als idealistisch motivierte Initiative zu ergreifen, weil es so schön bequem ist. Als Deutschland unter den Nachwirkungen von Nazizeit und Krieg zu leiden hatte, waren die Politiker noch aus anderem Holz geschnitzt. Nachdem Kanzler Adenauer durch zähe Verhandlungen die letzten Kriegsgefangenen aus Russland, aus der damaligen Sowjetunion, zurückgeholt hatte und bei der Rückkehr die Betroffenen mit ihren Angehörigen zusammen sangen: „Nun danket alle Gott mit Herzen, Mund und Händen ...", war die Einstellung der Politiker zu Idealen und Werten noch ausgeprägt. Heutzutage denken die meisten Politiker, was bereits auf kommunaler Ebene beginnt, weitgehend nur noch daran, irgendwelche Posten zu erlangen und zu behalten. Dafür tun sie auch alles: die Klappe halten, um bloß nicht in Kritik zu geraten, lügen, die eigene Unschuld beteuern, wenn nötig auch unter Tränen sich entschuldigen. Anders gesagt: Sie prostituieren sich, bloß um bestimmte Vorteile für sich zu erhaschen. Das ist nichts anderes, was die machen.

In Amerika übrigens haben die Politiker schon lange einen schlechten Ruf, ähnlich wie in Deutschland die Versicherungsvertreter (wobei selbstverständlich nicht alle über einen Kamm geschoren werden dürfen!). Und das, obwohl man in Amerika, sobald man ein öffentliches Amt einnimmt, seine privaten Finanzen quasi offenlegen muss. Das gehört sich eigentlich auch so, denn wenn man

Volksvertreter ist, dann ist man ja (theoretisch jedenfalls) dafür da, dass man sich für das Volk und für das Land aufopfert.
Die Banker dürften nach den aufgeflogenen Skandalen in den letzten Jahren wohl auch langsam bei dem Ruf angekommen sein, den sie verdient haben. Die Nächsten dürften möglicherweise die Rechtsanwälte und Steuerberater sein.
Ebenso in Vereinen wie etwa Sportclubs haben viel zu oft die Labertaschen das Sagen. Mein Vater beispielsweise war in seiner Sportart nicht nur ein hervorragender, beständiger und mannschaftsdienlicher Spieler, sondern auch geradezu der Prototyp eines FAIREN Sportlers. Es wäre allerdings erfreulich und angemessen gewesen, wenn die Sportfreunde ihm gegenüber genauso fair gewesen wären! Wer von denen glaubt, dass ich Unsinn schreibe, kann mich gerne kontaktieren und mich zur Rede stellen. Wer am Ende wen zur Rede stellt, werden wir dann sehen.

1.7 Was kommt nach dem Tod?

Angesichts dieser spannenden Frage kennen wir ja seit „Urzeiten" die Grundhaltungen derjenigen, die, je nach Religion, an eine übergeordnete Macht glauben, die oft als weltfremd angesehen werden, und der Ungläubigen, die sich auf das Diesseits beschränken, die vielfach als gefühlskalt abgeurteilt werden, was beides noch lange nicht zutrifft, wobei natürlich alle von sich behaupten, recht zu haben.
Die Naturwissenschaftler sind ja dafür bekannt, dass sie eher die Meinung vertreten, dass sie sich eine Existenz außerhalb von Materie nicht vorstellen können, wohingegen die Theologen ein Leben über den Tod hinaus proklamieren. Hierbei ist es zu einem in der Öffentlichkeit kaum bemerkten Rollentausch gekommen, wie Prof. Dr. Günter Ewald (5) schreibt, der als Mathematiker, Physiker und

Philosoph von beiden Seiten etwas versteht. Heute sprechen die Theologen eher von einer Art „Schattendasein", das nach dem Tod eintritt. Hierbei stirbt also zunächst der ganze Mensch, nämlich der materielle sowie der geistige Teil, bis am jüngsten Tag alle Seelen, d. h. alle Menschen in ihrer geistigen Form/Gestalt, auferstehen. Die Naturwissenschaftler jedoch – jedenfalls die, die sich mit Thanatologie (Sterbeforschung) beschäftigen – sprechen von einem unmittelbaren Überleben des physischen Todes.

Der physische Körper stirbt, auch das Gehirn, welches das Werkzeug des Geistes ist, wohingegen der Geist weiterlebt, d. h. weiterexistiert, denn wir behalten das Denken, das Empfinden und das Wollen, sind aber von physischen Schmerzen und körperlichen Gebrechen befreit (6).

Interessant ist besonders, was Menschen berichten, die eine Nahtoderfahrung erlebt haben. Dieses Phänomen, das es wahrscheinlich seit den Anfängen der Menschheit gibt, ist noch nicht so bekannt und wird erst seit etwa 40 Jahren wissenschaftlich untersucht. Die Betroffenen haben früher über ihr seltsames Erlebnis, das meistens in Verbindung mit einer lebensgefährlichen Situation wie z. B. einem Unfall, einer Operation oder einem tätlichen Angriff auftritt, – so gut wie – nie gesprochen, wobei die Hauptgründe zum einen darin bestehen, dass man Angst hat, für verrückt erklärt zu werden, und zum anderen darin, dass man das Erlebte so schwer beschreiben kann, weil unser Sprachschatz – natürlich in jeder Sprache der Welt – beschränkt ist auf diese materielle Welt, in der wir leben. Für alles, was Transzendenz (Übersinnliches) betrifft, haben wir praktisch keine Vokabeln zur Verfügung. Wir müssten sozusagen neue Wörter erfinden.

Viele Menschen, die schon einmal „klinisch tot" waren, berichten von einem „Tunnel", an dessen Ende ein Licht erscheint. Andere sprechen von einer „Brücke", wieder andere von einem „Übergangstor", wobei alle die gleiche Sache meinen, aber kein Wort finden, mit dem sie das, was sie wahrgenommen haben, genau beschreiben können. Genauso schwierig ist zu beschreiben, wo diese Betroffenen sich während ihres Erlebnisses aufgehalten haben und um was für eine Lokalität es sich hierbei handelt. Eine andere „Ebene", eine andere „Umgebung", eine andere „Landschaft" oder ein anderer „Raum" beschreibt das tatsächlich Gemeinte nur ungenau. Man kommt viel zu schnell zu der Annahme, dass es außer diesem materiellen Universum sonst nichts gibt. Scheinbar! Denn es gibt noch viel mehr!

1.8 Ein Tipp für unverbesserliche Zeitgenossen

An dieser Stelle muss ich noch einen wichtigen Tipp loswerden an alle Egozentriker, die nur an sich denken, an geldgierige Betrüger, machtbesessene Ausbeuter, an ausschließlich materiell ausgerichtete Illusionisten, die glauben, von ihrem materiellen Vermögen etwas mitnehmen zu können, an solche, die meinen, lieber kriminell sein zu müssen: Wer ausschließlich asozial denken kann oder will, braucht überhaupt nicht weiterzulesen, denn solche Leute können mit diesem Buch garantiert nichts anfangen. Denen will ich auch bloß nicht ihre wertvolle Zeit stehlen, in der sie doch besser ihren „sauberen" Geschäften oder sonst irgendwelchen nicht so ganz gesellschaftsfähigen Machenschaften nachgehen können.

Ebenso komme ich bei dieser Gelegenheit noch einmal auf das Beispiel des Obdachlosen in Kapitel 1.6 zurück: Alle, die sich einbilden: „Mir kann nichts mehr passieren", sollten bedenken, dass es eine materielle Sicherheit nicht gibt. Selbst wenn man fünf Häuser, drei Autos und ein gefülltes Konto hat, so kann immerhin eine Wirtschaftskrise entstehen, durch welche das Geld auf einmal nichts mehr wert ist. Es kann mit den Immobilien eine Katastrophe passieren, die von den Versicherungen so ausgelegt wird, dass diese nicht zahlen. Wie schnell ein Auto zu Schrott werden kann, brauche ich ja wohl gar nicht erst zu erwähnen.

Und selbst wenn ein Mensch so mächtig ist, dass er einen ganzen Kontinent besitzt, so kann er genauso gut morgen krank werden und übermorgen sterben. Und was haben ihm dann die ganze Macht und der ganze Reichtum genützt? Also: Materielle Sicherheit gibt es einfach nicht; deshalb können wir sie uns getrost „abschminken", noch bevor wir beginnen, sie uns einzubilden.

Es kann einem auch schon mal der Hut hochgehen, wenn Politiker oder Wirtschaftsbosse, die Summen verdienen, die man kaum schreiben kann, sich öffentlich hinstellen und zahllosen anderen einzureden versuchen, dass sie z. B. nur sieben und keine acht Euro in der Stunde verdienen dürfen. Wie asozial muss man eigentlich sein, um selbst in Saus und Braus zu leben und gleichzeitig anderen die Butter auf dem Brot nicht zu gönnen? Was würde so ein „Manager", wie diese Leute sich gerne nennen, denn meinen, wenn er selbst in der Situation eines Geringverdieners wäre? Würde so einer dann auch sagen: „Ich will keine acht Euro verdienen, denn ich darf ja nur sieben Euro verdienen, weil sonst die Wirtschaft zu wenig Gewinne einstreicht"? Falls ich einmal die Gelegenheit zu einer Diskussionsrunde hätte, würde ich einen Politiker oder Wirtschaftsmanager genau das fragen und würde nicht lockerlassen, bis ich eine Antwort bekomme. Wahrscheinlich ohne Erfolg, denn genau dann sind diese Leute Weltmeister im Herumdrucksen, reden sich mehr oder weniger geschickt heraus oder sitzen das Thema einfach aus. Außerdem: Was macht diese raffgierigen Ausbeuter eigentlich so sicher, dass sie sich nicht im nächsten Leben auf einmal als Leiharbeiter wiederfinden? Woher nehmen diese eingebildeten und ungezogenen Bengel überhaupt ihre entsetzliche und vor allem unbegründete Arroganz?

An dieser Stelle könnte man sich fragen, ob ich denn den Mund nicht zu voll nehme. Darauf kann ich jedenfalls antworten, dass ich bereits als Kind meistens mehr hatte als andere; und ich habe abgegeben und geteilt. Jedenfalls mehr und öfter, als es meinen Eltern recht war. Und wenn mal jemand mehr als ich hatte, gab es auch keinen Grund, so etwas Blödsinniges wie Neid zu empfinden. Außerdem bin ich, nebenbei bemerkt, ganz bestimmt nicht hochbegabt, sondern nur „normal", was bedeutet, dass man auf solche Gedanken, die für mich nichts Besonderes, sondern ganz gewöhnlich sind, durchaus kommen kann und dass man nicht zu unfähig sein muss, um auf so etwas zu kommen.

Was heißt eigentlich reich und arm?
Besinnen wir uns einfach mal auf die Tatsache – nicht Einbildung oder Wunschdenken, sondern das Faktum –, dass ein Mensch ein Mensch ist. Nicht mehr und nicht weniger. Ob man Bundeskanzlerin oder Prostituierte ist, ob man Topmanager oder Obdachloser ist: Alles hat seine Ursachen und seine Hintergrundgeschichte. Es kann jedem alles passieren. Und selbst wenn man dieses Leben erfolgreich gemeistert hat, so weiß man nicht, was man im nächsten Leben schafft oder nicht schafft. Ebenso, was man in vergangenen Leben erlebt hat. Wie bereits beschrieben, kommt es überhaupt nicht darauf an, was man für sich selbst erreicht hat. Von materiellem Gewinn oder Wohlstand sowie von nicht materiellen Scheinwerten wie Ruhm, Ansehen, Beliebtheit und dergleichen nimmt man von der materiellen Welt in die geistige Welt, in die wir alle wieder zurückgehen, nichts, aber auch gar nichts mit.
(Als meine Freundin Carmen sich vor etwa eineinhalb Jahren eine Winterjacke kaufte, die „Eternity" heißt, hab ich mir gedacht, dass ich es ihr ja gönnen würde, wenn die Jacke so lange hält, wie sie heißt, und dass man dann am besten in sein Testament hineinschreibt: „Die nehm ich mit!")
Vielmehr kommt es darauf an, was man aus den Möglichkeiten, den Fähigkeiten, den Eigenschaften, dem Umfeld, aus allem, was man mitgegeben bekommen hat, macht.
Wenn man reich und mächtig geboren – und sogar auch noch ge-

blieben – ist, braucht man kein schlechtes Gewissen zu haben, denn das ist nichts, was einem vorgeworfen werden kann. Allerdings hat man dann die moralische Verpflichtung, seine Mittel möglichst sozial und sinnvoll einzusetzen.

Wenn man in armen Verhältnissen aufwächst, hat man schon irgendwie weniger soziale Verpflichtungen, weil man ja ziemlich wenig Einfluss und sehr begrenzte Möglichkeiten hat, aber ein Segen ist es trotzdem nicht, jeden Tag erneut um sein Überleben kämpfen zu müssen.

Die Sprichwörter, nach denen alles zwei Seiten hat bzw. alles eine gute und eine schlechte Seite hat, kommen der Wahrheit schon relativ nahe. Man kann auch im „kleinen Bereich", also im ganz normalen Alltag, im Berufsleben, im Straßenverkehr, beim Einkaufen, beim Sport usw. im Rahmen seiner individuellen Möglichkeiten auf sein Umfeld Einfluss nehmen. Man kann natürlich auch, wenn man Größeres bewirken will, beispielsweise an Kundgebungen teilnehmen. (Manche bilden sich sogar ein, ein Buch schreiben zu müssen.) Sollte man allerdings auf Demonstrationen lauthals für den Frieden schreien und gleichzeitig zu Hause Gewaltvideos und Pornos anschauen, dann müsste man sich schon fragen, ob das denn alles zusammenpasst und ob man ehrlich zu sich selbst ist, geschweige denn zu anderen.

Um die Relation von reich und arm verständlicher darzustellen, sei hier ein Beispiel eines Mieters einer Immobilie angeführt, der zwischenzeitlich in Schwierigkeiten ist und mal die Miete nicht oder nur teilweise zahlen kann. In diesem Fall könnte der Vermieter doch mal nicht ganz so materiell denken und den Vorschlag machen: „Na ja, das ist für diesen Monat nicht so schlimm. Aber halten Sie mir die Wohnung in Schuss, sodass nichts vergammelt." Das ist doch, auch aus der Sicht des Vermieters, und zwar auch materiell (!) gesehen, viel besser, als einen Streit vom Zaun zu brechen oder auch zu riskieren, einen „Mietnomaden" als Mieter zu haben. Als Eigentümer darf man sich getrost auch mal darauf besinnen, dass man in der glücklichen Lage ist, im Gegensatz zu so vielen anderen, überhaupt etwas zu besitzen. Oder ist man von jedem Dollar oder Euro, der einem eigentlich zusteht, so überaus abhängig, dass man ohne einen bestimmten Betrag überhaupt nicht mehr zurechtkommt? Natürlich hat in diesem Fall der Mieter genauso seiner Verpflichtung nachzukommen, die Wohnung auch wirklich in Schuss zu halten. Ein wirtschaftlich erfolgreicher Mensch (Unternehmer, Manager etc.) könnte jetzt entgegnen: „Aber ich hab mir doch alles selbst erarbeitet." Zu bedenken wäre dann allerdings, dass alle, die „es zu etwas gebracht haben", nicht ohne diejenigen existieren könnten, auf deren Kosten sie sich hochgearbeitet haben. Alle, die in unserer Gesellschaft als Gewinner angesehen werden können – und zwar alle (!) –, wären nicht das, was sie sind, wenn es nicht auch diejenigen gäbe, die gewöhnlich als Verlierer bezeichnet werden.

Eine kleine Anmerkung sei noch zum heiligen Franziskus von Assisi (1181/82–1226) vorzubringen, der in reichen Verhältnissen aufgewachsen war, aber später freiwillig gänzlich auf Besitz verzichtete. Aber nicht, weil es verwerflich wäre, etwas zu besitzen. Wenn er mit seinem Vermögen verantwortungsvoll und sozial umgegangen wäre, wäre es moralisch ebenso gut und gerecht gewesen. Er verzichtete nämlich deswegen auf seinen Besitz, weil die damit verbundenen Verpflichtungen ihn am Predigen gehindert hätten, denn das war das, was er am besten konnte. Darauf allein wollte er sich konzentrieren. Mit seinem Verzicht auf Besitz hat er praktisch nur Ballast abgeworfen.

Falls Sie wissen wollen, ob meine Motivation zu schreiben dem sprichwörtlichen Neid der Besitzlosen entspringt: Nein, ich gehöre gar nicht zu den Besitzlosen.

Ob ich mit meinem Kapital denn auch sozial angemessen umgehe? Und wie! Verlassen Sie sich darauf!

„Von guten Mächten wunderbar geborgen,
erwarten wir getrost, was kommen mag.
Gott ist mit uns am Abend und am Morgen,
und ganz gewiss an jedem neuen Tag."

Der Text ist von Dietrich Bonhoeffer, einem der bekanntesten evangelischen Theologen. Dieser Kehrreim ist Bestandteil eines Liedes, das sowohl im evangelischen als auch im katholischen Gesangbuch steht und häufig bei Bestattungen gesungen oder zumindest als Text vorgetragen wird.

2. Tod und Sterben – vom Leben zum Leben

2.1 Die Nachhaltigkeit menschlichen Handelns

Der Einfluss unserer Handlungen auf andere ist keinesfalls zu unterschätzen. Wir sind uns dessen nur allzu oft nicht bewusst. Also, wenn wir alleine sind, dann ist es praktisch völlig egal, was wir machen, denn dann beeinflussen wir nun wirklich nichts und niemanden. Aber wenn andere Personen mit anwesend sind, ist das nicht mehr egal.

Wenn z. B. im Straßenverkehr Kinder anwesend sind und ich bei Rot über die Straße fahre oder gehe – oder mich sonst irgendwie daneben benehme –, dann übe ich (wahrscheinlich) negativen Einfluss auf die Beteiligten aus. Diese verarbeiten das Erlebte gedanklich, was sich dann auf deren praktisches Handeln auswirkt. Wahrscheinlich negativ, vielleicht aber doch aus irgendeinem Grund positiv oder neutral. In diesem Fall wohl sehr wahrscheinlich negativ. Oder wenn ich jemandem bei irgendeinem Problem helfe, dann wirkt sich das wahrscheinlich positiv auf dessen zukünftige Aktivitäten aus.

Natürlich kann es ebenso passieren, dass man z. B. eine Geldbörse findet und sie demjenigen, der sie verloren hat, wiedergibt, woraufhin dieser sich über die Ehrlichkeit des Finders lustig macht und diesen als blöd hinstellt, weil er das Gefundene nicht behalten hat. In diesem Fall hat der ehrliche Finder durch sein Verhalten zwar negative Auswirkungen ausgeübt, aber er kann nichts dafür.

Solche Vorfälle passieren im täglichen Leben sehr oft, und zwar meistens durch Missverständnisse. Die aus den entsprechenden Situationen heraus entstehenden Handlungen beeinflussen wiederum andere, die mit diesem Menschen irgendwie zu tun haben, usw., usw. ... Und somit ist das, was wir hier und jetzt machen (oder unterlassen), mitentscheidend für Dinge, die in 10 000 Jahren passieren.

Nun gut, was interessiert uns denn heute, was in 10 000 Jahren passiert? – Eine ganze Menge geht uns das an! Denn wenn wir wiedergeboren werden, betrifft es uns direkt! Wenn nicht, dann auch! Denn: Die Menschen, die nach uns leben werden, sind genauso Mitmenschen wie die zeitgenössischen. Und ebenso wie die Menschen, die vor uns gelebt haben. Allerdings können wir für die beim besten Willen nichts mehr tun. Die Dimension Zeit nämlich verläuft im Diesseits, d. h. in der materiellen Welt, nur in EINE Richtung – in der geistigen Welt, d. h. im Jenseits, nicht. Da spielen Raum und Zeit höchstens noch eine untergeordnete Rolle. Wie es dort genau „aussieht", weiß ich auch nicht, aber wir werden, wenn wir gestorben sind, noch staunen, was für Erkenntnisse und was für Wissen wir noch erlangen werden.

Was das menschliche Handeln und dessen Nachhaltigkeit betrifft, so ist letztendlich festzustellen, dass wir alle sowohl Lehrer als auch Lernende sind. Wir alle beeinflussen durch unser Verhalten andere; genauso wie wir durch das Handeln anderer beeinflusst werden. Dass unsere Lebensaufgabe mit darin besteht, dass wir durch unser Handeln mehr und mehr positiv und immer weniger negativ auf andere einwirken sollen, war auch immer ein Thema der Seminare von Dr. Elisabeth Kübler-Ross (7). Einen der „Tricks", die wir auf uns selbst anwenden können, will ich hier einmal vorstellen: Stellen wir uns einmal vor, wir haben schon nach dem Aufstehen eine Stinkwut auf irgendetwas, was auch immer, egal ob berechtigt oder unberechtigt. Dann lässt man den Partner / die Partnerin diese Laune spüren, sodass er/sie auch mit mieser Laune zur Arbeit geht, dort demzufolge mit Kollegen aneinandergerät, was das Arbeitsklima dann herunterzieht. Genauso bekommen zu Hause die Kinder die negative Stimmung mit, gehen „sauer" in die Schule und fangen dort Streit mit Mitschülern an. Und so ist eine Untat (oder Negativhandlung) die Ursache für die nächste. Nach solch einer Kettenreaktion müsste man sich einmal vorzustellen versuchen, wie die Menschen in 10 000 Jahren sich bei uns für diese Blödsinnigkeiten „bedanken" können.

Wenn man nur immer wüsste, wie viel man mit einer auch noch so kleinen Negativhandlung verursachen kann ...

Stattdessen könnte man, wenn man schon am Morgen „sauer" ist, besser warten, bis alle Mitbewohner aus dem Haus sind. Dann nimmt man sich einen Gummischlauch oder so etwas Ähnliches und haut so lange auf eine Matratze ein, bis die Wut aus einem heraus ist.

Das klingt zwar witzig, hat aber tatsächlich einen Sinn: Wenn man das so (oder ähnlich) praktiziert, dann hat man niemandem etwas angetan. Dann hat man keine Negativität verbreitet. Das ist für das ganze Umfeld besser. Die Negativität ist sozusagen aus einem heraus und zu niemand anderem übergesprungen.

Jede Negativität gehört nämlich am besten ins Universum hinausgeschossen, damit man möglichst keinen anderen Menschen damit belastet.

2.2 Merkmale einer Nahtoderfahrung (NTE)

Die Einzelheiten, die in einer Nahtoderfahrung enthalten sein können, hat Dr. Raymond A. Moody (8) ausführlicher beschrieben, welche ich komprimiert zusammenfasse.

Unbeschreibbarkeit:
Das „Schnuppern" an der geistigen Welt ist ein „Eintauchen" in uns nicht bekannte Dimensionen, in ein höheres Bewusstsein. Für alles, was mit Transzendenz (lateinisch: Hinübergehen, Übergang) bzw. Übersinnlichem zu tun hat, haben wir in unserer Sprache keine Wörter. Wir müssten neue Begriffe/Namen/Bezeichnungen erfinden, weil die betroffenen Menschen dort, d. h. an der Grenze zum Jenseits, Dinge wahrnehmen, die es hier auf der Erde nicht gibt. Der Neurochirurg Dr. Eben Alexander (9) vergleicht seine Nahtoder-

fahrung mit dem fiktiven (erfundenen) Fall, dass ein Schimpanse für einen Tag Mensch wird, danach wieder zu seinen Artgenossen zurückkehrt und zu beschreiben versucht, wie man unterschiedliche Sprachen spricht, wie man mit verschiedenen Rechenarten arbeitet und wie man die Naturgesetze des Universums erforscht. Nun kennen wir die Sprache bzw. Kommunikation unter den Schimpansen nicht, aber der „Kumpel" dürfte wohl einige Schwierigkeiten haben auszudrücken, was er erlebt hat.

Hören der Todesnachricht:
Es ist möglich, dass man mitbekommt, dass ein Arzt oder eine andere anwesende Person, z. B. vom Pflegepersonal, einen für tot erklärt.

Gefühle für Frieden und Ruhe:
Grundsätzlich erzählen Betroffene einer NTE, dass es auf der „anderen Seite" viel schöner und besser ist. Sehr oft berichten Betroffene, dass sie am liebsten im Jenseits geblieben wären.

Geräusch:
Oft wird von Betroffenen berichtet, dass sie ein „Dröhnen", „Brausen", „Pfeifen", „Glockenläuten" oder irgendeine Form von „Musik" wahrnahmen.

Der dunkle Tunnel:
In vielen Fällen wird von einem Tunnel berichtet, an dessen Ende ein sehr helles Licht erscheint. Statt „Tunnel" werden auch Begriffe wie „Brücke" oder „Übergangstor" verwendet, wobei dieselbe Erscheinung/Sache/Vision gemeint ist. Hier kommt wieder die Unbeschreibbarkeit der transzendentalen Dinge zum Vorschein, denn bei diesem Merkmal von Nahtoderscheinungen meinen die Betroffenen das Gleiche, aber sie tun sich schwer, das richtige Wort dafür zu finden, weil sie Sachen erlebt haben, die es in unserer

materiellen, dreidimensionalen Welt nicht gibt und wofür wir logischerweise auch keine Wörter parat haben, die den Sachverhalt genau beschreiben.

Das Verlassen des Leibes:
Häufig wird von Betroffenen berichtet, dass sie ihren eigenen Körper von einer anderen Position aus gesehen haben, z. B. von der Decke eines Krankenhauszimmers oder von einer Wand aus einer bestimmten Höhe, sozusagen schwebend, wobei sie die Dinge bzw. Gegenstände sahen, die tatsächlich auf einem Schrank, hinter einem Fernseher oder auch außerhalb des Raumes lagen oder standen, die sie von ihrem Körper bzw. Kopf aus unmöglich hätten sehen können. Auch konnten sie hören, was Ärzte sich untereinander sagten oder was ihre eigenen Angehörigen, im Nebenzimmer wartend, sich erzählten.

Begegnung mit anderen:
Wenn man am Jenseits, d. h. an der geistigen Welt, sozusagen „schnuppert" oder, anders ausgedrückt, in eine höhere Bewusstseinsebene „eintaucht", kann es zu Begegnungen mit verwandten und bekannten Personen kommen, die bereits gestorben sind, wie in dem Fall von Christine (10), die ich glücklicherweise sogar persönlich kennenlernen durfte. Sie ist heute 33, Erzieherin, hatte mit 19 einen Autounfall mit eigentlich tödlichen Verletzungen. Sie war während einer Operation 23 Minuten klinisch tot und hat im Jenseits ihre Großeltern angetroffen. Sie konnte später anhand von Fotos bestätigen, dass genau die beiden es waren, die sie „in Empfang genommen" hatten, ihr aber schließlich mitteilten, dass ihre Zeit noch nicht gekommen ist und dass sie wieder zurückkehren muss, weil sie auf der Erde noch Aufgaben zu erledigen hat.
Nach ihrem Nahtoderlebnis war sie mehrmals im Fernsehen präsent, hat Bücher geschrieben und spricht über dieses Thema sogar mit Kindern in ihrem Beruf als Kindergärtnerin.

Es könnte sein, dass es ihre von Gott vorgesehene Aufgabe ist, dieses Thema den Menschen näherzubringen, was allerdings eine reine spekulative Vermutung meinerseits ist.

Wichtig hervorzuheben ist noch, dass, wenn man bei einer Nahtoderfahrung Verwandte oder Bekannte antrifft, es sich ausschließlich um Personen handeln kann, die bereits gestorben sind. Und das ausnahmslos!

Warum aber können wir in so einer Situation unsere Verstorbenen „sehen", d. h. visuell wahrnehmen? Sie haben doch keine physischen Körper mehr! – Das ist richtig. Sie sind (nur noch) Geist. Aber sie befinden sich auf einer höheren Bewusstseinsebene und haben einen enormen Wissensvorsprung uns gegenüber. Wenn wir, als (hier auf der Erde lebende) Menschen, die Geistwesen wahrnehmen, dann nicht mithilfe unserer eigenen Fähigkeiten, sondern die Geistwesen lassen sich sozusagen dazu herab, eine Form anzunehmen, die uns in die Lage versetzt, sie wahrzunehmen, z. B. visuell oder auditiv.

Das Lichtwesen:
Das helle, sogar sehr helle Licht erscheint meistens am Ende des vorher bereits erwähnten Tunnels. Bemerkenswert ist hierbei, dass von diesem Licht eine Helligkeit beschrieben wird, die jede bisher auf der Erde bekannte Helligkeit übertrifft, die aber trotzdem nicht blendet. Dieses ist natürlich darauf zurückzuführen, dass eine Nahtoderfahrung eine außerkörperliche bzw. außersinnliche Wahrnehmung ist, bei der der betroffene Mensch somit keinen Körper „zur Verfügung" hat, ebenso kein Auge und keine Netzhaut. Deshalb wird man von diesem Licht, obwohl es so unheimlich hell ist, nicht geblendet. Zu beachten ist noch, dass es zahlreiche Berichte von Betroffenen gibt, die von einem sehr hellen, blendenden Licht erzählen. Hier ist mit „blendend" einfach nur „unglaublich hell" gemeint, wodurch wiederum die zuvor erwähnte schwere, kaum mögliche Beschreibbarkeit in Erscheinung tritt.

Dieses Licht wird insofern unterschiedlich empfunden und wahrgenommen, als es von der individuellen Interpretation der Betroffenen abhängt. Es kann als Engel, als Christus oder auch als unendliche, unbegrenzte Liebe, Barmherzigkeit, Güte und Erkenntnis wahrgenommen werden.

Die Rückschau:
Bei der Lebensrückschau, die als ein weiteres Merkmal einer Nahtoderfahrung auftreten kann, sieht man sein eigenes Leben in Sekundenbruchteilen vor sich, etwa wie man einen Film sieht, was sowohl vorwärts als auch rückwärts passieren kann. Da wir alle so etwas wie ein Zeitgefühl besitzen, können wir uns schlecht vorstellen, wie mehrere Jahrzehnte in etwa einer Sekunde zusammengefasst werden können. Das hängt damit zusammen, dass wir uns in unserer diesseitigen Lebensform eine Welt bzw. eine Existenz bzw. eine Lebensform, in der die Dimension Zeit keine Rolle spielt, so schlecht vorstellen können.
Zum Vergleich ist hierbei wahrscheinlich ein Beispiel aus der Physik hilfreich: Das Licht benötigt auf dem Weg von der Sonne bis zur Erde etwa acht Minuten. Dass aber für die Photonen, die Lichtteilchen, in dieser Zeit keine Zeit vergangen ist, was, soweit ich weiß, auf Albert Einstein zurückgeht, können wir uns ja auch irgendwie nur schwer vorstellen.
Ebenso wird von Nahtoderfahrenen berichtet, dass sie in eine „Welt" oder „Ebene" oder „Umgebung", wobei hier wieder die Komponente der Unbeschreibbarkeit zum Vorschein kommt, eintauchen, in der es keine Zeit gibt bzw. in der die Dimension Zeit keine Rolle spielt. Auch wird berichtet, dass „alles gleichzeitig passiert". Es kann wohl angenommen werden, dass wir außer den vier Dimensionen, die wir kennen, noch weitere kennenlernen werden.

Die Grenze oder Schranke:
Nicht wenige der von einer Nahtoderfahrung betroffenen Men-

schen berichten von einer Art „Grenze", „Scheidelinie", „Tür", „Zaun", „Gewässer", „Nebel" oder auch „Linie", der sie zwar ziemlich nahe gekommen waren, die sie aber nicht erreicht bzw. überschritten hatten. Denn sonst wären sie nicht mehr zurückgekommen. In der Sprache der Computerspiele könnte man es vielleicht so formulieren, dass es zwischen dem Diesseits (Level One) und dem Jenseits (Level Two) noch so eine Art „Level 1,5" geben müsste, was als eine Form von Übergangsebene oder Zwischenwelt verstanden werden kann. Wer aber diese Grenze oder Schranke überschreitet, kommt nicht mehr zurück.

Die Umkehr:
Da das Jenseits grundsätzlich als schöner und besser empfunden wird, wollen die meisten Menschen zwar am liebsten dort bleiben, aber sie erfahren auf irgendeine Weise, dass sie wieder zurück in ihren physischen Körper müssen. Es kann z. B. sein, dass verstorbene Angehörige, die sie antreffen, ihnen mitteilen, dass ihre Zeit noch nicht gekommen ist. Andernfalls erfahren sie auf irgendeine andere Weise, dass sie sich von der „Grenze" oder „Schranke", wovon im letzten Abschnitt berichtet wurde, wieder entfernen müssen. In eher seltenen Fällen können sich Betroffene auch entscheiden, ob sie wieder zurückkehren oder nicht. Mütter von kleinen Kindern beispielsweise spüren eine große Verantwortung, ihr Kind nicht alleine zurücklassen zu wollen. In einem Gespräch mit einer NTE-betroffenen Frau, die zusammen mit ihrer Freundin von einem bewaffneten Mann überfallen worden war, erzählte sie mir, dass sie die Chance hatte, sich zu entscheiden. Sie wäre zwar lieber in der angenehmeren Umgebung geblieben, aber sie spürte ebenso die Verpflichtung, ihrer Freundin helfen zu müssen. In diesem Gespräch konnte ich mir nicht verkneifen anzumerken, dass meine Freundin Carmen mir einmal sagte: „Ich kenne sonst niemanden, der solche Bücher liest, die du liest." Darauf antwortete meine Gesprächspartnerin: „Mein Freund ist auf so etwas auch nicht ansprechbar. Der will

davon nichts wissen." Ich finde, ein bisschen zum Schmunzeln ist das schon. Da zeigt sich einmal mehr, dass Dr. Elisabeth Kübler-Ross wieder einmal recht darin hat, dass das Thema Tod und Sterben von den Menschen am liebsten verdrängt und beiseitegeschoben wird.

Mitteilungsversuche:
Häufig erleben Betroffene, dass sie das, was sie erlebt haben, anderen mitteilen wollen, jedoch von denen nicht verstanden werden, weil es so unglaublich klingt. Somit werden Betroffene häufig nicht ernst genommen oder ihre Berichte ins Lächerliche gezogen. In Mitteleuropa und Nordamerika ist die Gesellschaft so sehr mit der Wirtschaft und dem Big Business verwachsen, dass die Menschen sich so etwas wie Erlebnisse außerhalb des Körpers überhaupt nicht vorstellen können und dass es außer diesem materiellen Universum sonst noch etwas gibt, erscheint ihnen wie Einbildung und Spinnerei.
In Ländern, die vom Islam geprägt sind, wird grundsätzlich nichts akzeptiert, was der islamischen Lehre widerspricht, weil alles, was davon abweicht, nicht sein kann, weil es nicht sein darf. Das ist der Grund, warum in diesen Regionen von Nahtoderfahrungen am seltensten berichtet wird. Nahtoderfahrungen bestätigen zwar immer ein Stück die eigene Religion, aber sie weichen auch ein bisschen davon ab. Deshalb ist es unbedingt notwendig, dass die Religionen miteinander ins Gespräch kommen.
Ganz am Rande: Die katholische Kirche, der ich angehöre, ist relativ stark ausgerichtet auf Sünde, Schuld und Strafe. Dass dieses von Nahtoderfahrenen NICHT bestätigt wird, kann uns vielleicht etwas „aufatmen" lassen, aber das heißt noch lange nicht, dass alles, was wir machen, egal ist. – Im Gegenteil! Die zehn Gebote Gottes gelten natürlich auch heute noch. Sie sind allerdings so, wie sie formuliert sind, sozusagen „relativ" zu betrachten. Man darf selbstverständlich niemanden umhauen und niemanden „bescheißen". Aber wenn mal eine Ehe oder Beziehung nicht so klappt wie geplant, dann sollte man darüber nicht gleich verzweifeln.

Für christliche und jüdische Leser muss ich meine Relativierung wiederum relativieren, denn das erste und das zweite Gebot sind selbstverständlich unverändert zu verstehen, weil sie unmissverständlich, zeitlos und nicht dehnbar sind.

Schließlich scheitern die Versuche der Betroffenen, anderen das Erlebte mitzuteilen, auch daran, dass das Erlebte jenseits der menschlichen Sprache und der menschlichen Wahrnehmungs- und Daseinsformen liegt, sodass es schwerfällt, es in Worte zu kleiden, weil es die richtig zutreffenden Wörter schlicht und einfach nicht gibt.

Folgen im Leben:
Die Menschen, die ein Nahtoderlebnis gehabt haben, sind hinterher grundsätzlich optimistischer, zufriedener und auch friedfertiger, was zurückzuführen ist auf ein Eintauchen in eine höhere Bewusstseinsebene, in welcher sie tief greifende Erkenntnisse darüber erlangt haben, was in dieser Welt warum passiert, und über den Sinn des Lebens insofern, als die Vernunft es einfach verlangt, dass die Menschen sich gegenseitig das Leben leichter und nicht schwerer zu machen haben. Betroffene richten ihr Leben nach ihrer Erfahrung deutlich sozialer aus. Viele wechseln zu Heilberufen über.
Von Selbstmördern, deren Versuch misslungen war, wird berichtet, dass diejenigen ohne NTE oft noch depressiver wurden und häufig einen erneuten Versuch unternahmen, wohingegen diejenigen mit NTE grundsätzlich optimistischer wurden, zu einer deutlich positiveren Einstellung zum Leben kamen und – in den allermeisten Fällen – keinen weiteren Versuch tätigten.
Insgesamt jedenfalls kommen die Nahtoderfahrenen zu der Einsicht, dass solche Sachen wie persönliche Eitelkeiten oder materieller Besitz völlig unwichtig sind und dass das gegenseitige Helfen und das Miteinander unter den Menschen viel wichtiger sind.

Neue Sicht des Todes:
Die von einer NTE betroffenen Menschen haben grundsätzlich keine Angst mehr vor dem Tod, vor allem deswegen, weil sie jetzt wissen, dass der Tod nicht das Ende ist, dass man ihn überlebt und dass man nach dem physischen Tod weiterlebt.

Bestätigung:
Viele NTE-Betroffene haben sich hinterher gefragt, ob sie das Erlebte denn tatsächlich erlebt hatten. Hierzu gibt es viele Berichte von Menschen, die im Zustand der Ausleibigkeit Geschehnisse an einem anderen Ort, z. B. im Nebenzimmer, beobachteten, die auch real stattgefunden haben, was durch die dort beteiligten Personen bestätigt werden konnte. Ebenso gab es Fälle, dass ein Arzt einem Patienten beschreiben wollte, was in der kritischen Phase einer Operation an Besonderheiten passiert war, wobei der Patient dem Arzt zuvorkam, dieses zu berichten, weil er es bereits wusste. Es gab auch Fälle, in denen NTE-Betroffene einem Arzt oder Krankenhausmitarbeiter mitteilen konnten, wo diese einen bestimmten Gegenstand verloren oder vergessen hatten, weil sie während der NTE, die ein außerkörperliches Erlebnis beinhaltete, von einer bestimmten Position, z. B. von der Decke herunterblickend oder im Nebenzimmer, erkennen konnten, wo diese Dinge „versteckt" waren. Ob Sie es glauben oder nicht: Es sind sogar schon Kriminalfälle auf diese Art aufgeklärt worden.

Diese 15 Merkmale von Nahtoderfahrungen, die von Dr. Raymond A. Moody (8) noch ausführlicher beschrieben werden, müssen nicht alle bei einem solchen Erlebnis auftreten. Meistens erscheinen wohl so etwa 5 bis 10, manchmal auch nur 2 oder 3.

Zu zwei der 15 Merkmale möchte ich noch eigene Anmerkungen hinzufügen:
Beim Punkt „Begegnung mit anderen" kam die Begegnung von

Christine mit ihren verstorbenen Großeltern zur Sprache, bei welcher ihr mitgeteilt wurde, dass sie wieder zurück ins Diesseits muss, weil sie noch bestimmte Aufgaben zu erfüllen hat. Da sie als Erzieherin auch mit Kindern über ihre außergewöhnliche Erfahrung spricht und mehrmals im Fernsehen zu sehen war, könnte möglicherweise eine ihrer Aufgaben darin bestehen, den Menschen dieses Thema näherzubringen.

Das erinnert mich persönlich an Dr. Elisabeth Kübler-Ross, die wohl bisher bekannteste Sterbeforscherin der Welt, obwohl dieser Fall ganz anders war: Sie war als Baby eigentlich zu leicht und zu schwach und überlebte nur knapp. Im Kindes- und Jugendalter lernte sie andere Kinder und Jugendliche kennen, die früh sterben mussten.

Dass sie Ärztin wurde, hatte sie sehr früh beschlossen, suchte aber lange nach einem Spezialgebiet. Später bekam sie zwar zwei gesunde Kinder, hatte aber vier Fehlgeburten. Außerdem war sie nach dem Zweiten Weltkrieg ehrenamtlich in Frankreich und Polen als Ärztin in Katastrophengebieten, auch in Majdanek, wo ein Konzentrationslager gewesen war, tätig. Da sie praktisch immer irgendwie mit dem Tod in Berührung kam, beschloss sie daraufhin, dass das ihr Thema ist, dass es ihre Bestimmung ist, auf diesem Gebiet zu forschen, also dass sie von Gott dazu bestimmt ist.

Die besten Möglichkeiten zu forschen hatte sie (natürlich) in Amerika, wo sie aber nie hingewollt hatte. Folglich musste der Heilige Geist in die Wege leiten, dass sie einen Amerikaner kennenlernt und heiratet. Dass sie evangelische Christin war, aber die These der Wiedergeburt vertrat, und mit einem jüdischen Arzt verheiratet war, weist für mich darauf hin, dass auf dem Weg zur Wahrheitsfindung die Religionen miteinander ins Gespräch kommen müssen.

Der Überzeugung von Dr. Elisabeth Kübler-Ross, dass jeder Mensch seinen bestimmten Platz in dieser Welt hat, stimme ich zu. Jeder Mensch hat, je nach seinen Fähigkeiten und Möglichkeiten, in dem Zeitraum zwischen Geburt und Tod, den wir Leben nennen, seine bestimmten Aufgaben, die er/sie entweder erfüllt oder auch nicht.

Die These der möglichen Reinkarnation ist somit in sich sehr logisch und schlüssig, denn es lebt ja nicht jeder wie z. B. Mutter Teresa, die ihre Lebensaufgabe offenbar voll erfüllt hat, sondern wer eine Laufbahn als Bandenmitglied einer Verbrecherorganisation oder Terrorist oder einfach nur als Stinkstiefel, der mit voller Absicht seinen Mitmenschen das Leben schwer macht, einschlägt, hat ja wohl kaum seine Aufgaben erfüllt. Man kann es sich ähnlich wie in der Schule vorstellen: Wer nichts gelernt hat, muss wiederholen. So kann auch der schlimmste Schwerverbrecher noch im nächsten oder übernächsten Leben zum Wohltäter werden. Im Einklang damit ist auch, dass Gott nicht nur will, dass alle Menschen gerettet werden, sondern dass auch alle Seelen gerettet WERDEN. Viele brauchen eben mehrere Anläufe.

Hierbei will ich die Theorie des Nur-einmal-Lebens nicht grundsätzlich ausschließen, aber dass Mutter Teresa zum einen und Hitler sowie Stalin zum anderen eschatologisch (= das Endschicksal betreffend) das Gleiche zu erwarten haben, kann nicht sein! Das ist noch unmöglicher als die Quadratur des Kreises oder dass fünf gerade sind.

Beim Merkmal des „Lichtwesens" kann dieses unheimlich helle Licht auch, wie beschrieben, als Engel, als Christus, als unendliche, unbegrenzte Barmherzigkeit und Liebe erkannt werden. Hier offenbart sich meiner Meinung nach Gott. Denn wenn ein Mensch zu einem anderen Menschen „Ich liebe dich" sagt, dann dürfte, wenn wir ehrlich sind, nicht ein Punkt dahinterstehen, sondern ein Komma mit der hintergedanklichen Bedingung „wenn du auch so bist, wie ich es gerne hätte" oder „wenn du alles schön so machst, wie ich es wünsche". Das ist aber nur Liebe, die an Bedingungen gebunden ist. Die echte, BEDINGUNGSLOSE Liebe kommt nur von Gott.

Es gibt und gab allerdings Menschen, die diese bedingungslose Liebe praktizieren konnten, die der unendlichen Liebe Gottes sehr nahekommt, wie z. B. die bereits genannte Mutter Teresa, der heilige Franziskus im 12. Jahrhundert oder auch Buddha, die hier nur

Beispiele sind, welche ich als „Erleuchtete" bezeichne, die den Sinn des Lebens, zumindest annähernd, voll und ganz begriffen haben.

2.3 Die fünf Phasen des Sterbeprozesses

Nach Dr. Elisabeth Kübler-Ross beinhaltet der Sterbeprozess fünf Phasen (1).

1. Phase: Ablehnung, Verneinung
Die erste Phase des Sterbevorgangs ist geprägt von einer Haltung des Verdrängens. Das zeigt sich in Gedanken wie „Das kann doch nicht sein, dass es mich / meine Frau / meinen Vater / meine Mutter jetzt trifft!". Diese natürliche Schutzreaktion auf unerwartete und schreckliche Ereignisse ist normal und menschlich verständlich, so wie wir es von Schutzreaktionen kennen, weil wir so schnell wie möglich das unangenehme Thema beiseiteschieben und in den normalen Alltagstrott zurückkehren wollen, um das drohende Ereignis möglichst ungeschehen zu machen und nicht ertragen zu müssen.

2. Phase: Ärger, Zorn
In dieser Phase ist der/die Betroffene besonders „sauer" und fragt: „Warum ich? Wieso nicht jemand anders?" Die Wut kann sich auch auf Gott richten, aber genauso gut gegen irgendjemanden sonst. Vielleicht gegen jeden, der gesund ist. Man sollte den Zorn des/der Betroffenen nicht auf die Goldwaage legen.

3. Phase: Verhandlung
Wenn der Zorn sich langsam erschöpft hat, beginnt der sterbende Mensch zu verhandeln, d. h. mit Gott zu verhandeln. Ob Sie es glauben oder nicht, das machen sogar die überzeugtesten Atheisten.

Denn in dieser Phase wollen auch sie noch das Beste aus der Situation herausholen. Es könnte ja vielleicht doch einen Gott geben. Aber egal ob gläubig oder ungläubig, man bittet Gott noch um ein weiteres Jahr oder um ein paar Monate, vielleicht auch nur um ein paar Wochen. Dafür verspricht man, bestimmte Dinge zu tun, falls man seine Bitte erfüllt bekommt. Allerdings handelt es sich hierbei in den allermeisten Fällen durchweg um leere Versprechungen, die sowieso nicht eingehalten würden, selbst wenn man noch eine bestimmte Zeit geschenkt bekommen würde.

4. Phase: Depression
Nachdem das Verhandeln auch nicht den gewünschten Erfolg herbeigebracht hat, verfällt der sterbende Mensch in eine tiefe Depression. An der Situation, dass das eigene (physische) Ende bevorsteht, ist jetzt nichts mehr zu ändern. Es bleibt einfach nur diese große, niederschlagende Resignation.

5. Phase: Einwilligung, Akzeptanz
In der letzten Phase des Sterbeprozesses akzeptiert die sterbende Person ihr bevorstehendes (materielles) Ende. Jetzt wird nicht mehr gemeckert oder verhandelt oder angezweifelt, sondern man ist an dem Einverständnis angelangt, dass man jetzt selbst an der Reihe ist. Das Schlafbedürfnis, das in diesem Zusammenhang entsteht, beinhaltet eine leise Andeutung der Rast vor der Reise, die nach dem Tod beginnt.

Diese fünf Phasen müssen nicht alle komplett auftreten. Auch können sie in etwas anderer Reihenfolge erscheinen. Außerdem können ein paar dieser fünf Phasen auch bei einer Trennung auftreten, wenn beispielsweise eine Beziehung beendet wird, denn einen Menschen durch Trennung zu verlieren ist zumindest vergleichbar damit, einen Menschen durch Tod zu verlieren.

„Fasse dich, Seele, sei tapfer im Streite!
Jesus ist mit dir und kämpft dir zur Seite.
Zage nicht, wenn auch der Tod dich umschwebt!
Jesus, dein Heiland, ist Sieger und lebt."

Diese Strophe ist aus einem Lied im „Gotteslob", dem katholischen Gesangbuch, aus dem unter anderem auch bei Trauerfeiern gesungen wird.

2.4 Was ist „real"?

„Ich glaube nur, was ich sehe", sagen viele Leute. Aber ist denn alles, was wir sehen, tatsächlich Realität? Wenn wir ein Glas mit Wasser sehen, dann müssten wir im flüssigen Teil die Wasserstoff- und Sauerstoffatome, die sich zu Wassermolekülen verbunden haben, sehen, welche sich in Bewegung befinden. Ebenso müssten wir das Glas in seinen Bestandteilen sehen (Sand, Mineralien usw., jedenfalls alles, woraus Glas besteht) und dass diese Atome sich nicht bewegen, weil sie sich im festen Aggregatzustand befinden. Ebenso sehen wir z. B. einen Holztisch oder einen Stein – oder irgendeinen Gegenstand – nicht in seinen einzelnen Teilchen.

Genauso können wir auch elektrischen Strom nicht sehen. Wenn Sie nur das glauben, was Sie sehen, dann fassen Sie doch mal ein nicht isoliertes Stromkabel an! – Nein, bitte nicht!!!

In gleicher Weise kann ein Verkehrsunfall von verschiedenen Zeugen, die denselben Unfall gesehen haben, völlig unterschiedlich beschrieben werden. Da berichtet die ältere Dame, die mit ihrem Rollator aus der Seitenstraße kam: „ Da kam ein blaues Auto." Zugleich sagt der Schuljunge, der mit seinem Fahrrad die Hauptstraße entlangfuhr: „Da kam ein BMW 320i, der hat so und so viel PS", wobei beide Zeugen dasselbe Fahrzeug meinen. Auf der anderen Straßenseite saßen zwei Mädchen in einer Eisdiele, die sagen: „Da kam zuerst diese Fußgängerin. Die sah vielleicht aus! Die Frisur erst mal, und was die anhatte: unmöglich!" Dennoch haben alle Zeugen dieselbe Kreuzung und dasselbe Verkehrsgeschehen gesehen.

Oder lassen wir einmal zehn Personen – hintereinander oder gleichzeitig – den Eingang zu einem Einkaufszentrum passieren: Da sieht die erste Person, dass es dort noch nicht so voll ist, dass die Beleuchtung üppig ist, dass das Spielwarengeschäft, das Sportgeschäft und das Schuhgeschäft schon geöffnet haben, aber die Parfümerie und der Fanshop noch geschlossen sind, dass an der Bäckerei eine Schlange steht, dass der Infostand besetzt ist usw.

Die zweite Person sieht ebenso eine ganze Menge, ähnlich wie die erste, sieht aber nicht, dass einer der Notausgänge mit Ware zugestellt ist und dass eines der Schaufenster nicht dekoriert ist. Die dritte Person übersieht, dass im Dekoladen die Beleuchtung halb ausgefallen ist und dass eine Person an der Rolltreppe auf die Nase gefallen ist.

Die vierte Person sieht, dass die meisten Besucher sehr modisch gekleidet sind, was die erste und die zweite Person auch sehen, die dritte Person jedoch nicht.

Dass die Mülleimer alle voll sind, bemerken die ersten neun Personen überhaupt nicht, sondern nur die zehnte Person.

Vielleicht wird hierbei einmal deutlich, dass alle Personen, die gleichzeitig an einem Ort zugegen sind, in diesem Fall vielleicht 573 Personen im selben Einkaufszentrum, zwar im Großen und Ganzen das Geschehen am Ort so ziemlich ähnlich wahrnehmen, aber dennoch jede einzelne Person ihre eigene „Realität" wahrnimmt.

Wer ein Buch wie dieses hier schreibt, muss schon irgendwie seine Zurechnungsfähigkeit unter Beweis stellen. Deshalb zähle ich auch Dinge, Erscheinungen und Vorstellungen auf, an die ich NICHT glaube.

Aberglaube

Aberglaube ist für mich null und nichtig. Wenn ich z. B. erwähne, dass ich schon lange nicht mehr krank war oder das Auto schon lange nicht mehr in Reparatur war, dann sagen viele Leute, dass man schnell mal auf Holz klopfen müsse. Als ob ein Unglück passieren würde, wenn man das nicht macht! Von der schwarzen Katze von links nach rechts und In-Hundekacke-Treten, genau wie Scherben, die angeblich Glück bringen, über den Unfug, dass man zwischen Weihnachten und Neujahr keine Wäsche waschen soll, bis zu irgendwelchen Ritualen von Sportlern vor dem Wettkampf, so ist

von allem gleich viel zu halten. Erinnern Sie sich noch an den Tinten-
fisch, der angeblich Fußballergebnisse voraussagen konnte? Dass er
acht Spiele „richtig getippt" hatte, war schlicht und einfach eine von
512 Möglichkeiten, von denen zwangsläufig EINE eintreten musste.
Die anderen 511 Varianten wären aber genauso möglich gewesen.
Auch beim Lotto hat die Zahlenreihe 1, 2, 3, 4, 5 und 6 genauso viel
Wahrscheinlichkeit, gezogen zu werden, wie jede andere Zahlen-
kombination auch.

Das sind einfache Fälle der Wahrscheinlichkeitsrechnung, die Bestandteil des Mathematikunterrichts in der Oberstufe ist.

Dass es mal einen Propheten mit acht Armen oder Beinen gegeben
hat, lernt man weder in Biologie noch in Religion.

Auf Städtereisen kann man oft beobachten, wie Touristen Geld in einen Brunnen werfen, damit bestimmte Wünsche in Erfüllung gehen.
Am Ende eines Tages oder einer Woche werden die Münzen einge-
sammelt und kein Mensch (jedenfalls fast niemand) weiß, wer sich
diese einsteckt. Geben Sie die Münzen, die Sie übrig oder zu viel
haben, besser einem Obdachlosen oder sonst einer bedürftigen
Person! (Vielleicht werden Sie ja in diesem oder einem nächsten
Leben selbst ein verarmter Mensch.)

Ob ich an Neujahr Marzipan- oder Schokoladenfiguren in Form von
Kleeblättern, Schweinen oder Schornsteinfegern verschenke? – Natürlich nicht!

Bei dieser Gelegenheit möchte ich an eine ähnliche, immer wieder aktuelle Thematik erinnern: In der Weihnachtszeit legen viele
Menschen besonderen Wert auf Weihnachtsdekorationen in Form
von Lichterketten, Rentieren, Schlitten, „Weihnachtsmännern" usw.
Stattdessen könnte man das Weihnachtsfest genauso gut einfacher
gestalten und erleben, was auch weniger kostspielig ist, während
man das Geldausgeben darauf beschränken kann, bedürftige Menschen zu unterstützen. Dann ist man auch mit dem Geburtstags-
kind, um das es an Weihnachten geht, mehr verbunden, als wenn
man sich irgendwelchen Kitsch kauft.

Wenn man noch realistischer und sachlicher denkt, müsste man darauf kommen, dass Spenden zu anderen Zeiten als an Festtagen effektiver und sinnvoller wären, denn wenn zu einem Zeitpunkt bzw. an eine bestimmte Stelle so richtig viel Spendengeld fließt, dann verschwindet besonders viel in irgendwelchen dunklen Kanälen.

Vor einigen Jahren wurde für Haiti eine weltweite Spendenaktion inszeniert, nachdem dort eine schwere Naturkatastrophe passiert war. Wenn alle Spendengelder an den richtigen Stellen angekommen wären, würde das Land so aufblühen wie die Bundesrepublik Deutschland zu Zeiten des Wirtschaftswunders.

Wenn man also zu anderen, scheinbar unbedeutenden Zeiten Spenden tätigt und wenn man an Bedürftige spendet, die aktuell nicht in den Schlagzeilen stehen, dann bewirkt das effektiv mehr.

Jetzt bin ich etwas abgeschweift, aber das lag mir am Herzen und dürfte die Realität ganz gut wiedergegeben haben.

Um zum Thema Aberglaube zurückzukommen: Es gibt tatsächlich Hochhäuser, besonders Hotels, in denen es keine 13. Etage gibt. Nach der 12. folgt direkt die 14. Etage, weil ja die 13 die Unglückszahl schlechthin ist. Kaum zu glauben!

Ja gut, ich gebe zu, dass ich die 666, die als Zahl des Teufels gilt, nicht so gerne auf meinem Autokennzeichen oder als Mitarbeiternummer in einer Firma oder als Mitgliedsnummer in einem Verein hätte. Aber wenn ich sie als Hausnummer hätte, dann wäre es nun mal so. Falls in Häusern mit dieser Nummer Haushaltsunfälle, Wohnungseinbrüche oder Hausbrände häufiger vorkommen würden, dann wäre das schon längst statistisch aufgefallen. Tatsächlich jedoch kann man nicht einfach bestimmte Zahlen aus der Menge der ganzen Zahlen, der rationalen Zahlen oder der reellen Zahlen entfernen, weil dann die ganze Mathematik nicht mehr funktionieren würde.

Und mal ehrlich: Falls es den Teufel als eigenständige Person gibt oder falls es Dämonen gibt: Sollten wir es diesen Halunken und Stinkstiefeln so leicht machen, indem wir uns unsere im Laufe der

Geschichte schwer erarbeiteten Wissenschaften selbst kaputt machen und dadurch die Entwicklung der Menschheit selbst behindern? Ganz sicher nicht. Diesen Drecksäcken, falls es sie gibt, tun wir diesen Gefallen nicht!

Exorzismus

Exorzismus ist etwas, mit dem ich nichts anfangen kann. Da kann ich noch so katholisch sein, wie ich will: Vom Teufel besessen zu sein oder den Teufel aus jemandem herausfahren zu lassen kann ich mir nicht wirklich vorstellen. Ebenso ist die Existenz des Teufels als Person, d. h. als eigenständiges Wesen, nicht geklärt. Ob es ihn gibt, wissen wir nicht. Ob es Dämonen, diese „kleineren Teufelchen", gibt, wissen wir ebenso wenig. Diese könnte es meiner Meinung nach möglicherweise geben. Die wären dann die Stinkstiefel in der geistigen Welt, die nur Schlechtes und Blödsinn als Ziel haben und sich dem Guten in den Weg stellen. Geklärt ist ihre Existenz allerdings für mich nicht.

Vampire und sonstige „Untote"

Für die Existenz solcher Wesen, die wir hauptsächlich aus Filmen, Büchern, Comics usw. kennen, gibt es absolut keine, auch nicht die geringsten Belege.

Karten- und Handlesen

Es gibt für mich keine ernsthaft in Erwägung zu ziehende Begründung, irgendwie an so etwas zu glauben.

Astrologie

Zur Zeit des Michel de Nostredame (1503–1566), besser bekannt als Nostradamus, der die Astrologie mit benutzte und als der größte Seher aller Zeiten gilt, war die Astrologie noch ein Bestandteil der Astronomie. Die Konstellationen von Sternen und Planeten spielten sowohl in der Prophetie als auch in den Naturwissenschaften eine Rolle.

Nebenbei bemerkt: Über das, was genau der „Stern über Bethlehem" war, gehen die Meinungen etwas auseinander, aber es gilt als so gut wie sicher, dass damals am Nachthimmel ein Himmelskörper, welcher Art und in welcher Form auch immer, leuchtete.

In der heutigen Astrologie werden z. B. Horoskope sehr allgemein geschrieben, sodass die vagen Voraussagungen im Nachhinein als „doch irgendwie so in etwa eingetroffen" beurteilt werden können. Sobald sie etwas konkreter formuliert werden, können sie genauso zutreffend wie unzutreffend sein, ähnlich wie an Stammtischen Fußballergebnisse vorausgesagt werden.

Ob ich schon mal Horoskope in Zeitungen oder Zeitschriften lese? Für so was hab ich keine Zeit.

Salafisten und andere Extremisten

Wer glaubt, dass man nach brutalen Anschlägen auf Ungläubige oder Andersgläubige ins Paradies kommt und dass man sich dieses auch noch ziemlich physisch und materiell vorzustellen hat, kann nicht ganz gescheit sein, weil so etwas einfach keinen Sinn hat. Wenn kein Anlass zur eigenen Verteidigung besteht, kann ein Angriff, noch dazu auf Unschuldige und Wehrlose, weder logisch noch human, noch gottgewollt oder sonst irgendwie sinnvoll sein. Außerdem behaupten diese Leute auch noch, dass sie geistig weit fortgeschritten sind. Das kann man aber nur dann sein, wenn man sowohl bereit als auch fähig ist, aus Fehlern zu lernen, sowohl aus eigenen Fehlern als auch aus Fehlern anderer. Wenn man jedoch dieselben Fehler, die andere vor ein paar Hundert Jahren begangen haben, wiederholt, und das auch noch in der heutigen modernen Zeit, und diese blödsinnige Wiederholung der Fehler auch noch verteidigt und gutheißt, dann ist das schon außerordentlich dumm und unterentwickelt.

Scientology

Diese weltweit bekannte Sekte, die sich Kirche nennt und die gerne mit einem Porträt von Einstein Reklame macht, bezeichnet sich selbst gerne als fortschrittlich und wissenschaftlich und will wohl vermitteln, dass, wer sich ihr anschließt, mehr Wissen erlangt. Wenn diese Vereinigung so wissenschaftlich wäre, dann würde ihren Mitgliedern nicht der Mund verboten werden, denn wer wissenschaftlich denken kann, kann ja wohl erst recht für sich selbst sprechen. Dennoch geben nur die obersten Vertreter dieser Vereinigung Interviews, und zwar nur dann, wenn sie wollen, und dann beantworten sie auch nur die Fragen, die sie beantworten wollen. Ob das fortschrittlich, geschweige denn wissenschaftlich ist, kann getrost infrage gestellt werden.

Evangelikale

Um Missverständnisse von vornherein auszuschließen, sei erst einmal klargestellt, dass das herkömmliche, bekannte „Evangelisch" mit der „Evangelikalen Kirche" nichts zu tun hat! Die Evangelikalen vertreten die Theorie des Kreationismus, welcher besagt, dass die Bibel wörtlich zu verstehen ist. Demnach ist die Erde in sieben Tagen erschaffen worden und ist erst etwa 6000 Jahre alt, wobei

u. a. die Dinosaurier zusammen mit den Menschen gelebt haben. Wie man eine solche Theorie aufrechterhalten kann, kann ich mir nicht erklären.

Zeugen Jehovas

Über diese Vereinigung, die sich ebenfalls Kirche nennt, weiß ich zu wenig, aber dass sie gegenüber anderen christlichen Kirchen ziemlich feindlich eingestellt ist, erscheint mir weder zeitgemäß noch besonders christlich.

Außerirdische

Gibt es Außerirdische? Die Wahrscheinlichkeit ist kleiner als „1" (= 100 %) und größer als „0" (= 0 %). Mehr wissen wir noch nicht. Einerseits ist das Weltall so unheimlich groß, dass es unwahrscheinlich scheint, dass unser Planet der einzige ist, der Leben hervorgebracht hat. Andererseits ist der menschliche Organismus so hoch kompliziert, dass es unwahrscheinlich scheint, dass es so etwas Ähnliches wie uns noch einmal oder mehrmals gibt. Dass es so etwas wie Einzeller, Kakerlaken oder einfache Pflanzen auf irgendwelchen anderen Planeten ebenfalls geben könnte, halten Biologen sowie Astrophysiker für gut möglich bzw. relativ wahrscheinlich. Aus einem anderen Blickwinkel betrachtet, haben die Menschen in einer ihrer ersten Entwicklungsphasen gelernt, dass kein Mensch für sich alleine leben kann, sodass sie sich in Sippen oder ähnlichen Gemeinschaften zusammenschlossen, vor allem aus Sicherheitsgründen, woraufhin sich später Dorfgemeinschaften, Städte, Völker und andere Gemeinwesen entwickelten. Noch später wurde den Juden offenbart, dass das „Volk Gottes" zusammenhalten muss. Schließlich haben wir durch Christus gelernt, dass alle Menschen – im geistigen Sinne – Schwestern und Brüder sind. Wenn man nun diesen Gedankengang weiterdenkt, dann müssen wir zu der Schlussfolgerung kommen, dass Außerirdische, wenn es sie gibt und wie auch immer sie aussehen mögen, ebenso wie wir als Geschöpfe Gottes anzusehen sind, wobei zu hoffen ist, dass diese auch uns eher als Freunde denn als Feinde ansehen. Aus einer wiederum anderen Perspektive gesehen ist klar, dass, wenn die Außerirdischen eher uns hier auf der Erde erreichen, als dass wir zu ihnen gelangen, diese uns technisch und wissenschaftlich überlegen sind. Doch dann müssten sie auch ethisch weiter entwickelt sein und demzufolge in friedlicher Absicht kommen. Wahrscheinlich. Dann allerdings müsste sich die Frage ergeben, ob wir denn so dermaßen unfähig und engstirnig sind, dass Gott, nachdem er uns die Propheten geschickt hat und nachdem er uns Christus geschickt hat, nun auch noch Außerirdische schicken muss, damit diese uns quasi an die Hand nehmen und uns endlich einmal verdeutlichen, wie unsinnig und dämlich es ist, sich gegenseitig das Leben zur Hölle zu machen, anstatt sich gegenseitig zu helfen und sich für das Wohl anderer mehr zu interessieren.

Insgesamt bleibt nur festzustellen, dass die Existenz von Außerirdischen bislang nicht geklärt ist.

Die Apokalypse

Zu der Offenbarung des Johannes, die das letzte Buch im Neuen Testament ist, ist festzustellen, dass einerseits tief religiös motivierte Menschen sowie andererseits rein naturwissenschaftlich orientierte Forscher darin übereinstimmen, dass die Welt in einer Katastrophe enden wird. Tatsächlich sieht es ja so aus, dass unsere Sonne in einer, vielleicht erst in vier Milliarden Jahren, denn darauf mag man sich noch nicht so richtig festlegen, damit beginnen wird, zum „roten Riesen" zu werden und mindestens Merkur, Venus,

Erde und Mars in ihrer riesigen heißen Masse einzuverleiben. Ob es der Menschheit bis dahin gelingen wird, in Raumschiffen zu einem oder mehreren neuen Heimatplaneten aufzubrechen, oder ob die Geschichte einfach geschlossen wird, bleibt eine ganz spannende Frage.

Falls uns in der verbleibenden Zeit dieses Kunststück gelingen sollte, dann kann natürlich nur ein wahrscheinlich kleiner Teil der Menschheit mitfahren. Trotzdem ist es völlig falsch, hierbei von Gewinnern und Verlierern zu sprechen. Diejenigen, die in den Raumschiffen mitfahren werden, werden keine bequeme Reise zu „genießen" haben und werden selbst wohl eh nicht das Ziel erreichen, und diejenigen, die auf der Erde zurückbleiben, brauchen einfach nur rechtzeitig aufzuhören, Kinder zu bekommen, denn das Ende unseres Planeten wird nicht plötzlich eintreten, sondern man wird schon rechtzeitig merken, wenn es langsam anfängt, ungemütlich zu werden. Wer will denn schon, dass seine Nachkommen „live" mitbekommen, dass es „ein bisschen zu warm wird" und „das Licht nicht mehr ausgeht"? So einfach ist das.

Das hauptsächliche Thema in der Apokalypse des Johannes ist der Kampf des Guten gegen das Böse. Das erleben wir alltäglich. Wir geraten ständig in Situationen, in denen wir „kämpfen" müssen und in denen wir irgendeine Entscheidung treffen müssen, was uns oft alles andere als leichtfällt. Leider sind „gut" und „schlecht" in der materiellen Welt nur allzu oft nicht so leicht erkennbar und oft schwer auseinanderzuhalten. Die Übelkeiten des Alltags und die Erfahrungen, die wir mit Bosheiten machen, die entweder von nur schlecht gelaunten Mitmenschen oder von Zeitgenossen, die von Boshaftigkeit zerfressen sind, kommen, sind die alltäglichen „Dämonen", mit denen wir ständig zu kämpfen haben. Falls es in der geistigen Welt Dämonen als eigenständige Personen gibt, besteht die berechtigte Hoffnung, dass wir dort das Gute und das Schlechte leichter auseinanderhalten können, um besser Bescheid zu wissen, was wir anzunehmen und was wir abzulehnen haben.

Geistige Welt

Jetzt kommen wir zum eigentlichen Kernthema: Dass es außer dieser materiellen Welt, in der wir leben, noch die geistige Welt gibt, ist für mich KEIN Blödsinn. Das ist Realität. Dieses Universum, in dem wir uns befinden, ist zwar größer, als sich ein gesunder Menschenverstand vorstellen kann, und enthält auch noch ungeklärte sowie unvorstellbare Phänomene wie schwarze Löcher, dunkle Materie und Antimaterie. Ebenso ist die Unendlichkeit für uns so unvorstellbar, weil ja sonst alles einen Anfang und ein Ende hat. Genauso, wenn wir uns einmal vorstellen, dass das Universum irgendwo endet, dann wäre die nächstliegende Frage: Was ist denn dann dahinter?

Das heißt, wir können uns vom Universum weder vorstellen, dass es endlich ist, noch dass es unendlich ist. Aber dieses Universum ist noch längst nicht alles, was es gibt. Denn es gibt noch viel mehr! Das Universum, die materielle Welt, ist nur die unterste Stufe der Entwicklung, sozusagen „Erste Klasse" oder „Kreisliga" oder „Level One". Unsere Verstorbenen, um die wir eigentlich gar nicht trauern müssten – darin sind die Buddhisten unserer westlichen Kultur voraus! –, befinden sich bereits auf einer höheren Entwicklungsebene, in einer weiterführenden Entwicklungsphase und einer höheren Form von Bewusstsein.

Wie bereits erwähnt, tröstet es nicht besonders, dass wir mit unseren fünf Sinnen, die uns zur Verfügung stehen, die geistige Welt nicht spüren, nicht wahrnehmen können, was bedeutet, dass wir unsere lieben Angehörigen, die wir verloren haben, nicht mehr in voller körperlicher Vitalität antreffen können. Diese sind aber nicht wirklich verschwunden, sondern sie sind alle weiterhin existent, und zwar in geistiger Form. Den physischen Körper haben sie nicht mehr, aber den haben sie nicht wahrhaft „verloren", sondern sie schleppen einfach diesen Ballast nicht mehr mit sich herum. Vor allem haben sie keine Schmerzen mehr. Sie befinden sich auch auf einer höheren Bewusstseinsebene mit einem gigantischen Wissen, von welchem sie uns gerne etwas abgeben würden, wenn wir nur etwas mehr bereit wären, uns der geistigen Welt zu öffnen. Von mir selbst muss ich zugeben, dass ich die Existenz meiner Schutzengel und Geistführer lange abgestritten hatte, aber es gibt sie, und ich habe nicht die schlechtesten. Ob ich schon mal eine Botschaft von ihnen erhalten habe? Ja, ein paar Mal! Dann allerdings nicht in Form von grammatisch geordnetem Satzbau in deutscher, englischer oder sonst einer Sprache, die es im Diesseits gibt, sondern in Form von Gedanken oder Bündel von Gedanken. Die geistigen Führer können einem schon mal im Traum erscheinen oder auch in einer ganz gewöhnlichen Alltagssituation Gedanken bzw. Botschaften zukommen lassen.

Zu meiner eigenen Zurechnungsfähigkeit

Für diejenigen, die aus welchen Gründen auch immer daran zweifeln mögen: Dass ich mit Sekten und dergleichen nichts zu tun habe, ist bereits erwähnt; ebenso nichts mit Geheimbünden oder Vereinigungen, die irgendetwas zu verheimlichen haben. Meine Erfahrungen mit Drogen sind exakt „null Komma null". Weniger geht nicht. Allerdings trinke ich nicht nur Milch und Limo, sondern es darf auch mal ein Bier sein (oder zwei oder drei). Sekt und Wein kommen ganz selten vor, Schnaps überhaupt nicht. – Nein, so gut wie gar nicht. Ich möchte schon ganz genau sein. – Ach ja, Kaffee trinke ich auch, aber nicht in exorbitanten Mengen.
Falls es sonst noch irgendwelche seltsamen Substanzen gibt, die man zu sich nehmen kann, weiß ich nicht, ob ich sie überhaupt kenne. Von Psychopharmaka weiß ich, dass es sie gibt, und wenn ein Psychiater sie verschreibt, wird das wohl einen Sinn haben, aber auch mit diesen Mitteln verfüge ich über keinerlei Erfahrungen. Jedenfalls bin ich ziemlich sicher davon überzeugt, dass das, was

ich konsumiere, bei Weitem nicht ausreicht, um irgendwelchen Spinnereien zu verfallen.

2.5 Blick in den Sinn des Lebens

Als Gemeinsamkeiten der meisten Nahtoderfahrungen sind meiner Meinung nach die Einsichten der Betroffenen und die Änderungen der eigenen Lebensführung besonders auffallend. Die Betroffenen haben vielfach Aufklärung darüber erhalten, welche ihrer Handlungen gut und welche schlecht waren, und warum. Somit halte ich es für ganz besonders wichtig zu erwähnen, dass die (allermeisten) Nahtoderfahrenen zurückgekommen sind mit der Erkenntnis – nicht Einbildung, sondern Erkenntnis –, dass es schwachsinnig und bescheuert ist, sich gegenseitig Gemeinheiten anzutun, und dass es viel vernünftiger ist, sich gegenseitig zu helfen und einander das Leben leichter und nicht schwerer zu machen. Das ist doch etwas Gescheites! Davon kann man sich doch eine Scheibe abschneiden! Das hat doch einen SINN! Zu beachten ist hierbei, dass jeder Mensch lediglich im Rahmen seiner Möglichkeiten gefordert ist, damit auch niemand ÜBERfordert wird.

Objektiv betrachtet ist, wenn wir etwas als real oder nicht real ansehen, mitentscheidend, ob etwas einen Sinn hat. Anders ausgedrückt: Wenn man überlegt, ob man ein Ereignis, eine Begebenheit oder sonst eine Sache als realistisch oder unecht einschätzen soll, so ist grundsätzlich die zusätzliche Frage angebracht: „Hat oder hätte das Ganze denn überhaupt einen Sinn oder hätte es keinen Sinn?"

Selbst wenn wir einmal annehmen, dass die Atheisten recht hätten mit ihrer Behauptung, dass uns nur diese paar Jahrzehnte (wenn überhaupt) bleiben, die wir hier auf der Erde leben, und danach unsere Existenz aufhört: Auch dann wäre es das Logischste und

Vernünftigste, sozial zu denken und zu handeln und sich gegenseitig das Leben leichter zu machen, weil dann alle mehr von allem hätten. Und auch dann wäre Jesus das größte Ideal aller Zeiten. Auch dann!

Da allerdings die Thanatologen, die aus sämtlichen Geistes- und Naturwissenschaften kommen, auf dem besten Wege sind zu „beweisen", dass der physische Tod nicht unser Ende ist und dass es außer der materiellen Welt noch die geistige Welt gibt, die möglicherweise auch noch aus mehreren Ebenen (Levels) besteht, liegt es an den Religionen, miteinander mehr und mehr in die Diskussion zu kommen, was für die objektive Wahrheitsfindung unausweichlich ist.

Der eine Sinn des Lebens, nämlich in Hinsicht auf die Allgemeinheit, ist, dass man, einfach ausgedrückt, einander das Leben leichter macht und sich gegenseitig hilft, in welcher Weise auch immer, egal ob einfach oder kompliziert.

Der andere Sinn des Lebens, und zwar mit Blick auf uns selbst, ist, dass wir möglichst, so weit wie wir können, alle Negativitäten, die wir in uns haben, externalisieren, d. h. aus uns herausbefördern und uns von ihnen befreien (11), damit die Seele sich weiterentwickelt: Bezug nehmend darauf, dass wir alle eine Mutter Teresa und einen Hitler in uns haben, ist es Aufgabe der Seele, sich weiterzuentwickeln, und zwar hin zu Mutter Teresa und weg von Hitler.

Die allermeisten von uns befinden sich natürlich irgendwo dazwischen. Das heißt, pragmatisch gesehen, dass man, wenn man eine gewisse Reife in Humanität erlangt hat und bereit ist, viel Gemeinnütziges zu tun, natürlich ohne danach zu fragen, was man dafür bekommt, dann ist man in seiner seelischen Entwicklung schon ziemlich fortgeschritten, unabhängig von Bildungsstand, Titel, Vermögen, Ansehen, Popularität oder sozialer Situation.

Diejenigen jedoch, die im Austeilen „Weltmeister" und im Einstecken „Mimöschen" sind, sind genau diejenigen, die nichts begriffen haben und noch weit am Anfang ihrer seelischen Entwicklung stehen. Wenn diese Leute wüssten, wie viel sie noch vor sich haben und wie viel sie noch zu lernen haben über das, worauf es wirklich ankommt, dann hätten sie garantiert nicht so eine große Klappe. Besonders sind Menschen, die man genauso gut Unmenschen nennen kann, mit einem völlig unterentwickelten sozialen Empfinden wie Massenmörder, Kinderschänder, Zuhälter, Menschenhändler, Drogenhändler mit so vielen Negativitäten belastet, dass sie mehrere Inkarnationen brauchen, um ihre gesamten Negativitäten zu externalisieren. Auch in solchen Themenbereichen wie diesen kommt der Diskussionsbedarf der Religionen untereinander zum Vorschein. Buddha sagte, jedenfalls sinngemäß: „Wer seinen Egoismus völlig abgelegt hat und nur noch für das Allgemeinwohl lebt, kommt aus dem Kreislauf der Wiedergeburt heraus." Christus sagte: „Wer sein Leben ... gibt, wird es gewinnen. Wer aber sein Leben um jeden Preis erhalten will, wird es verlieren."

Beide Aussagen bzw. Lehrinhalte bedeuten – jedenfalls pragmatisch gesehen – das Gleiche!

Ein immer wiederkehrendes Thema ist die nur allzu oft gestellte Frage, warum es denn so viel Leid und Übel auf der Welt gibt und warum Gott das „zulässt". Viele von uns haben bestimmt im Religionsunterricht davon gehört oder gelernt, dass Gott die Welt nicht schlecht, sondern lediglich unvollständig bzw. unvollkommen geschaffen hat, sodass die Menschen die Aufgabe haben, an der Vervollständigung des Geschaffenen mitzuarbeiten, sozusagen teilzuhaben. So ist das schon ganz gut erklärt. Da können wir mal staunen, wie viel wir Gott bedeuten, da wir an seinem Gesamtwerk mitarbeiten dürfen!

Aus einem anderen Blickwinkel betrachtet, ist das Übel leider notwendig, weil sonst der freie Wille, den Gott uns mitgegeben hat, nicht möglich wäre, denn wenn wir die Freiheit, uns entscheiden zu können, nicht hätten, wären wir in unserem Wollen völlig eingeschränkt, ja sogar total unfähig und unbeweglich.

Wenn wir uns einmal vorstellen, dass Gott die Welt von vornherein perfekt und vollkommen geschaffen hätte, dann wären wir keine Menschen mit eigenständigen Persönlichkeiten, die Intelligenz, Kreativität, Entscheidungskraft und vieles mehr entfalten können, sondern wir wären nur Marionetten, die nichts selbstständig könnten, noch nicht einmal selbstständig denken (12). Wäre das besser? Zugegeben, es wäre natürlich bequemer. Ohne die ganzen Schlechtigkeiten wäre es auch irgendwie angenehmer. Was nun letztendlich besser wäre, kann man sich natürlich fragen, aber de facto stellt sich die Frage nicht wirklich, denn wir müssen einfach die Tatsachen so akzeptieren, wie sie sind.

Wir sind also mit besonders vielen Freiheiten ausgestattet, was sogar auch dazu geführt hat, dass die Menschen sich z. B. die Fähigkeit, klonen zu können, angeeignet bzw. erarbeitet haben, um sich hinterher zu fragen, ob sie das denn überhaupt dürfen.

Auch das halte ich für von Gott gewollt. Wir sollen nachdenken. Wir sollen selbst überlegen, um nach und nach dahinterzukommen, was richtig und was falsch ist. Ebenso sollen wir miteinander kommunizieren. Denn auch wenn verschiedene Menschen oder Gruppen das gleiche Ziel haben, so können, was die Möglichkeiten der Durchführung betrifft, die Ansichten völlig unterschiedlich sein. Die Frage, ob der Zweck die Mittel heiligt, stellt sich oft hierbei. Im „Kalten Krieg" nämlich hatten, wobei ich hier nur für den Westen sprechen kann, die allermeisten Befürworter der Nachrüstung und des NATO-Doppelbeschlusses das gleiche Ziel wie die meisten Anhänger der einseitigen Abrüstung. Beide Gruppierungen wollten den Frieden, hatten also das gleiche Ziel, waren sich jedoch uneinig darüber, welcher Weg der vermeintlich richtige ist.

2.6 Sterbeforschung

Die Thanatologie (Sterbeforschung) gibt es erst seit den 1970er-Jahren, also seit etwa vier Jahrzehnten. Die meisten Wissenschaftler, die sich diesem Thema widmen, sind Ärzte, und zwar aus den unterschiedlichsten Fachbereichen, aber auch Theologen, Psychologen, Physiker usw. Die wichtigsten Themen sind:
a) Was passiert genau beim Sterbeprozess?
und
b) Gibt es Anzeichen – dafür oder dagegen –, ob nach dem Tod noch etwas kommt?
Hauptsächlich wurden Interviews mit Sterbenden durchgeführt, wobei genauestens befolgt wurde, dass die Betroffenen auch aus freiem Willen bereit waren, sich befragen zu lassen, und dass kein einziger Sterbender auch nur ansatzweise dazu angetrieben, geschweige denn dazu gezwungen wurde.
Ferner wurden Interviews mit Menschen getätigt, die eine sogenannte Nahtoderfahrung (NTE) gehabt hatten. Diese waren für kurze Zeit klinisch tot, waren dennoch bei vollem Bewusstsein und haben beschrieben, was sie in dieser Zeitspanne erlebt hatten.
Die Sterbeforschung begann in Amerika (wo sonst?), kam dann nach Europa und arbeitet heute weltweit, d. h. über die Grenzen der Kulturen und Religionen hinaus. Das bedeutet, dass auf dem Weg zur absoluten Wahrheitsfindung die Religionen miteinander ins Gespräch kommen müssen, was mit Sicherheit bereits praktiziert wird, aber öffentlich noch nicht so bekannt gemacht worden ist, weil die allermeisten Menschen nicht über ihre eigene Religion hinausdenken können oder wollen. Genau gesagt können UND wollen die meisten es nicht. Die allerwenigsten sind zu beidem in der Lage.
Hierbei, so ganz nebenbei, sind die Atheisten nicht besser als Gläubige, also alle, die irgendeiner Glaubensgemeinschaft angehören. Ganz knapp zusammengefasst könnte man die bisherigen Forschungsergebnisse folgendermaßen formulieren:

1. Es gibt das Jenseits.
2. Wir sterben nie.
3. Das Höchste aller Wesen, das wir Gott nennen, existiert ...
   ... jedenfalls zu 99,99999 Prozent.

Beim Dialog mit den einzelnen Religionen untereinander muss jedenfalls zum Thema werden, dass Christus auch im Judentum, im Islam und im Hinduismus eine Rolle spielt, und zwar keine geringe. Ebenso gibt es Unterschiede, die gar nicht so unüberbrückbar sind, wie sie scheinen. Nach den östlichen Religionen werden sich die Seelen nach der Loslösung vom Körper alle zu einer riesigen „Gesamtseele" vereinigen, wogegen nach den westlichen Religionen jede Seele individuell weiterlebt. Da es aber im Jenseits – zumindest nach christlicher Vorstellung – keinen Streit und keine Uneinigkeiten gibt, sind praktisch alle sprichwörtlich „ein Herz und eine Seele". Diese sprichwörtliche Formulierung benutze ich hier gezielt, um zu verdeutlichen, dass weder die östliche Version die westliche generell ausschließen muss noch umgekehrt. In der geistigen Welt sind viele Dinge möglich, die nach unserem diesseitigen, dreidimensionalen Denken, das von Materie geprägt ist, unmöglich scheinen. – Mit Betonung auf „scheinen" (!).
Ob in der geistigen Welt auch so etwas wie z. B. ein quadratischer Kreis möglich ist, kann wohl auch so schnell noch kein Mensch sagen, denn auch die Menschen, die eine Nahtoderfahrung hinter sich haben, waren zwar bereits ziemlich nahe am Jenseits, mussten sich aber mit Sicherheit auf wichtigere Dinge „konzentrieren", denn sie kämpften ja immerhin um ihr Leben. Erstens war ihr Überlebenskampf schon anstrengend genug, und zweitens war das Eintauchen in eine andere Bewusstseinsebene eine Konfrontation mit etwas vollkommen Neuem, was ebenso ganz bestimmt gewöhnungsbedürftig war und somit, wie ich meine, auch anstrengend.
Jedenfalls bin ich davon überzeugt, dass die Erkenntnisse der Sterbeforscher in den nächsten Jahrzehnten und Jahrhunderten noch

viel mehr geschätzt und gewürdigt werden als heute. Die Astrophysiker sind sich im Allgemeinen darüber einig, dass irgendwann die erste Mondlandung als eines der wichtigsten Ereignisse in den Geschichtsbüchern stehen wird, nämlich noch wichtiger, als wer mal wann Bundeskanzler oder US-Präsident war. Dem zustimmend wage ich hinzuzufügen, dass die Geburtsstunde der Thanatologie in den 1970er-Jahren ebenfalls als ein herausragendes historisches Ereignis besondere Beachtung finden wird.

Das „Netzwerk Nahtoderfahrung", die deutschsprachige Abteilung der „IANDS" (International Association of Near-Death Studies), hat drei Kategorien von Mitgliedern:

1. Betroffene, d. h. Menschen, die (mindestens) eine Nahtoderfahrung erlebt haben,
2. Wissenschaftler, die sich mit diesem Phänomen auseinandersetzen und ihre Arbeit diesem Thema widmen, und
3. Interessierte, die sich mit diesem Thema beschäftigen, Bücher lesen, Vorträge hören usw.

Ich selbst gehöre (nur) dieser dritten Gruppe an.

2.7 Was stirbt? – Was bleibt?

Es ist nicht zu ändern, dass unser physischer Körper irgendwann einmal zugrunde geht. Genauso wie das Gehirn, das, solange wir uns im Diesseits, also in der materiellen Welt, befinden, das Werkzeug des Geistes ist. Wir verlieren nach unserem irdischen Ableben auch die physischen Schmerzen und Gebrechen, was wir ganz bestimmt nicht wirklich als Verlust ansehen werden, aber wir behalten (als Geistwesen) das Denken, das Empfinden und das Wollen (6). Genau genommen stirbt der physische Körper, aber die Seele und der Geist existieren weiter, und zwar vereint. Die Seele ist für Gefühle und Empfindungen zuständig und der Geist für das Denken, wobei der Geist die Seele beherrscht.

Der Mensch besteht also nicht aus zwei, sondern aus drei Teilen. Es stirbt nicht die Hälfte, sondern nur ein Drittel. Das ist doch gut, oder?

Ferner gibt es noch eine weitere Steigerung: Im Evangelium der Maria Magdalena (3) wird sogar unterschieden zwischen Körper (Soma), Seele (Psyche), Geist (Nous) und Heiligem Geist (Pneuma), von dem bereits ein Teil in uns ist und der in uns wachsen muss. Genau diese Thematik, die die Weiterentwicklung der Seele und des Geistes im Laufe eines Lebens aufgreift, glaube ich bei Dr. Elisabeth Kübler-Ross wiedergefunden zu haben, nach der es zu unserer Aufgabe gehört, unsere Negativitäten, die wir in uns haben, zu externalisieren. Man könnte es auch umgekehrt formulieren, nämlich dass wir sämtliche Positivitäten des Heiligen Geistes internalisieren müssen. Für Pragmatiker wie mich ist das das Gleiche.

2.8 Glaube und Frömmigkeit – was uns erwartet

Gläubig und fromm ist ja schön und gut. Aber es muss auch alles einen Sinn haben. Gläubig und fromm sind die Terroristen auch. Aber wenn man glaubt, dass man nach brutalen Terroranschlägen und Morden, bei denen auch das Sterben Unbeteiligter und Unschuldiger in Kauf genommen wird, ins Paradies kommt, und wenn man sich dieses auch noch ziemlich physisch und materiell vorstellt, dann – Entschuldigung! – hat man nicht alle Tassen im Schrank; dann ist man nicht ganz dicht. Das hat nämlich von vorne bis hinten absolut überhaupt keinen Sinn. Es ist doch kein Wunder, dass diese extrem gewalttätigen Extremisten nur unter den Dummen neue Anhänger suchen. Sie geben auf alle vermeintlich lebenswichtigen Fragen einfache Antworten, die viele orientierungslose Dummköpfe zu verstehen glauben. Kein einziger intelligenter Mensch läuft zu solchen Idioten über.

Falls ich aufgrund dieser Zeilen tatsächlich einem Anschlag zum Opfer fallen sollte, dann wäre das nur der beste Beweis dafür, dass diese Leute irgendwie gehirnamputiert sein müssen und ganz sicher einem kompletten Schwachsinn hinterherlaufen. Außerdem hätte ich in diesem eher nicht zu erwartenden Fall auch sicher etliche Leute vor diesen von Hass zerfressenen Wirrköpfen gewarnt, was wiederum einen Sinn hätte.

Ebenso ist die aus meiner Sicht mittelalterliche Vorstellung von der Hölle als einem ewigen Feuer, und dass der Teufel einen in Stücke hackt und so ein „Käse", geradezu Blödsinn. Gott zerstört nicht das Leben, das er selbst geschaffen hat. Einfach mal weltanschaulich neutral betrachtet: Wenn es (einen) Gott gibt, dann muss alles, was im Universum passiert, einen Sinn haben. Egal welchen, aber irgendeinen Sinn muss dann alles haben. Auch wenn wir hier und jetzt nicht alles verstehen, so werden wir vieles nach unserem physischen Tod verstehen, was wir jetzt noch nicht begreifen können. Auch was warum passiert.

Ich bin noch nicht so weit, mich festzulegen, ob es Reinkarnation (Wiedergeburt) gibt, aber wenn wir nur einmal leben, dann muss es so eine Art „Nachsitzen" geben. Wenn man im irdischen Leben ein Verbrecher – ich meine nicht nur die illegalen, sondern auch die legalen! – war, kann man den Sinn des Lebens nicht begriffen haben, sodass man demzufolge einen Lernprozess nachzuholen hat. Wenn wir mehrmals leben, so kann man das am besten so verstehen bzw. einordnen, dass man nach einem „schlechten" Leben sozusagen – wie in der Schule – „die Klasse wiederholen" muss. Demzufolge müssen ganz brutale, gewissenlose Schwerverbrecher wohl mehrere Inkarnationen durchmachen, um ihre gesamten Negativitäten, die sie in sich haben, zu externalisieren (11).

Diese materielle Welt, das Universum, das Diesseits ist so etwas Ähnliches wie eine Art „Kreisliga" oder „Erste Schulklasse" oder

„Level One", und man kann praktisch „aufsteigen" oder „versetzt werden" – oder auch nicht. Wer nichts gelernt hat, muss wiederholen.

Wenn man beispielsweise ein Bandenmitglied in einer Verbrecherbande gewesen ist, dann hat man den Sinn des Lebens nicht begriffen und muss – wenn man mich fragt – „wiederholen", was heißt, dass man in einem neuen Leben die Chance bekommt, seine Prüfungen besser zu bestehen. Ob man in einem früheren Leben Minister oder Manager war und in einem späteren Leben Hilfsarbeiter oder Behinderter ist oder umgekehrt, oder ob man in einem etwa gleichen sozialen Umfeld bleibt, ist hierbei nicht von Bedeutung.

In Fällen von Mutter Teresa, Franziskus von Assisi und Buddha, um ein paar als Beispiele zu nennen, können wir wohl getrost davon ausgehen, dass sie den Sinn des Lebens – mehr oder weniger – voll und ganz begriffen haben und demzufolge diese unterste Ebene (Level One) „geschafft" haben und sozusagen „reif" sind für höhere Aufgaben in einer höheren „Umgebung" (Level Two).

So wie Christus brauchen wir nicht zu werden, denn das schaffen wir eh nicht. Wie gut oder wie perfekt man gewesen sein muss, um reif genug zu sein, um auf die nächste „Ebene" („Level Two") zu gelangen, weiß ich auch nicht. Das wüsste ich selbst gerne. Aber sicher ist, dass man nicht sein eigenes Seelenheil, d. h. seinen eigenen „Aufstieg", seine eigene „Versetzung" in das nächste, höhere „Level", als Ziel haben darf, denn dann kann man noch so sozial sein; dann nützt es einem selbst nicht. Man muss schon das Allgemeinwohl immer im Blick behalten, und das, was man für sich selbst erhofft, muss man auch anderen gönnen.

Es bleibt selbstverständlich dabei, dass für uns im „Hier und Jetzt" die „Musik" spielt, dass wir hier im Diesseits unsere Aufgeben zu erfüllen und unsere Lektionen zu lernen haben. Aber wenn wir hier einmal sozusagen „fertig" sind, dann beginnt eine Reise, die RICHTIG interessant wird. Langweilig wird es jedenfalls nicht. Die Vorstellung vom ewigen Halleluja-Singen und nur noch Harfe-Spielen können wir getrost vergessen. Wir bekommen schon noch unsere Aufgaben zugeteilt, wie auch immer diese aussehen.

Besonders ist mir aufgefallen, dass die Menschen, die einen tieferen Einblick in den Sinn des Lebens erhalten haben, sei es durch eine Nahtoderfahrung oder auch als Wissenschaftler in der Forschungsarbeit, so ganz und gar bescheiden und überhaupt nicht eingebildet sind. Sie haben die besonders negativen Eigenschaften wie Stolz und Neid nahezu völlig abgelegt und versuchen ihr Wissen weiterzuvermitteln, um anderen Menschen zu mehr Erkenntnis über den Sinn des Lebens und über vernünftige Lebensweise zu verhelfen, ohne sich selbst in den Vordergrund zu stellen. Des Weiteren haben sie die Erkenntnis erlangt, dass ein Mensch ein Mensch ist, nicht mehr und nicht weniger. Auch diese mit Erkenntnis gesegneten Menschen, die ich hier mal so nenne, sind auch nur Menschen. Das Besondere ist aber, dass sie genau diese Erkenntnis erlangt haben, die vielleicht zu vielem veranlassen kann; zum Hochmut jedenfalls nicht.

Arrogant und übergeschnappt können vielmehr diejenigen werden, die, nachdem sie eine Winzigkeit „eingesteckt" haben, meinen, dass sie erst einmal so richtig „austeilen" müssen, damit ihr scheinbar so wichtiger, aber in Wahrheit lächerlicher „Stolz" wiederhergestellt ist. Diese geistigen Tiefflieger, die nur austeilen können und im Einstecken bei der geringsten Bagatelle sofort gekränkt und psychisch destabilisiert sind, haben so gut wie nichts begriffen und befinden sich noch ganz am Anfang der Entwicklung ihrer Seele. Wenn diese Schwachköpfe wüssten, was sie an Entwicklung und Reifung noch vor sich haben, wären sie alles andere als stolz und arrogant. Die wohl bekannteste Sterbeforscherin der Welt, Elisabeth Kübler-Ross, und die gewiss weltweit bekannte Mutter Teresa haben sich persönlich gekannt. Aber dass die eine evangelisch und die andere katholisch war, war für beide mit Sicherheit völlig unerheblich, weil beide, wie ich mal unterstelle, im Grunde überkonfessionell gedacht haben, weil beide sowohl über ihre eigene Konfession als auch über ihre eigene Religion hinausgedacht haben und weil beide den Sinn des Lebens – mehr oder weniger – voll und ganz erkannt haben.

2.9 Zwischen den Religionen

Im vorigen Kapitel ist bereits der Dialog zwischen den westlichen und den östlichen Religionen angesprochen worden, nämlich in Bezug darauf, ob es neben allen Wesen außerdem ein höchstes Wesen gibt, das alles geschaffen hat, und ob es ein individuelles Weiterleben gibt oder eine Verschmelzung aller Einzelseelen zu einer riesigen Gesamtseele. Diese Gegensätze, die so unüberwindlich scheinen, können tatsächlich im Jenseits, also in der geistigen Welt, überwunden werden.

Ein anderes Beispiel zeigt einen Konflikt, der ein scheinbar unüberwindliches Hindernis zwischen Religionen darstellt: Es gibt wohl kaum einen größeren Vorwurf, den eine Religion gegen eine andere erheben kann, als „Ihr habt unseren Gott getötet!". Trotzdem haben Christen und Juden gelernt, einander zu akzeptieren und zu respektieren, denn beide Religionen sind sich sowohl im Monotheismus einig als auch darin, dass es einen Erlöser gibt. Ob er noch kommen wird oder ob er in Christus bereits gekommen ist, bleibt eben als Uneinigkeit bestehen. Dass die Juden aus christlicher Sicht „unsere älteren Brüder im Glauben" sind, kann man für mich so stehen lassen. Fast. Besser ist „unsere älteren Schwestern und Brüder".

Den in den letzten paar Jahrhunderten aufgekommenen und besonders in der Nazizeit ausgeuferten Antisemitismus scheint unsere Gesellschaft weitgehend überwunden zu haben. Allerdings treten in jüngster Zeit wieder religiöse Fanatiker in Erscheinung, die am liebsten wieder einen erneuten Antisemitismus entfachen würden. Egal ob unverbesserliche Faschisten oder genauso unverbesserliche Islamisten, die zwar einander feindlich gesinnt sind, aber in den Juden einen gemeinsamen Feind sehen: Beide extremistischen, destruktiven, Negativität verbreitenden Gruppierungen stehen dem Fortschritt der Menschheit gleichermaßen im Wege.

2.10 Andere seltsame Glaubensverirrungen

In Nordamerika gibt es diesen merkwürdigen „Ku-Klux-Klan", der behauptet, dass eine Menschenrasse besser sei als eine andere. Ebenso gewalttätige mafiöse Banden mit fantasievollen Namen und Rangordnungen, die sich mit Drogenhandel und Zwangsprostitution finanzieren, verfallen der Einbildung, dass das eine Geschlecht besser sei als das andere und dass man stolz darauf sein könnte, männlich zu sein. Haben diese Männer denn auch Einfluss darauf gehabt, dass sie das sind, was sie sind? Haben sie das mit dem Schöpfer aller Geschöpfe ausgehandelt? Starke Leistung! Aber wenn sie das „gekonnt" haben: Warum haben sie dann nicht eine Weisheit erlangt, die Mutter Teresa nahekommt? Wieso sind sie dann Hitler näher?

Es müsste jedenfalls mithilfe gesunden Menschenverstandes einleuchtend sein, dass der Irrglaube, dass ein Geschlecht besser ist als das andere oder dass eine Hautfarbe besser ist als eine andere, genauso ein Unsinn ist wie die allgemein bekannte wahnsinnige Irrlehre, dass ein blonder, blauäugiger Mensch mehr wert sei als ein Mensch, der der jüdischen Religion angehört.

Dass meine Argumentation für die meisten normal Denkenden relativ verständlich ist, will ich ja wohl schwer hoffen.

Ich selbst werde, wenn ich die materielle Welt verlassen habe, in der geistigen Welt weder weiß noch männlich, sogar noch nicht einmal katholisch sein, sondern nur noch Geist.

Besonders die Stolzen und Arroganten, die sich aufgrund unbedeutender Scheinwerte etwas einbilden und sich für etwas Besseres halten, werden bei ihrer Ankunft im Jenseits ziemlich enttäuscht und verärgert über sich selbst sein, weil sie sich auf irgendeinen Blödsinn so viel eingebildet haben. Das kann ich denen schon mal „flüstern".

2.11 „Ghost Whisperer"

Kennen Sie die Fernsehserie „Ghost Whisperer"? Die Hauptrolle spielt darin die junge, attraktive Jennifer Love Hewitt, weil ja im Film immer alles so perfekt sein muss. Was allerdings wohl die wenigsten wissen, ist, dass sie eine Frau spielt, die es tatsächlich gibt. Und die beiden kennen sich. Mary Ann Winkowski war auch als Beraterin bei der Produktion der Serie tätig (13). Sie ist heute so um die 60, lebt in Ohio, hat italienische Vorfahren und ist demzufolge katholisch. Sie glaubt aber an Wiedergeburt. Sie geht sonntags in die Kirche, ist verheiratet, hat zwei Töchter und lebt eigentlich ganz normal. Eigentlich. Sie hat nur die besondere Fähigkeit, mit Geistwesen kommunizieren zu können. Allerdings kann sie das nur mit erdgebundenen Geistern. Das ist so eine besondere Sorte, genau genommen sind es Problemfälle. Das sind Menschen, die gestorben sind, die aber den Übergang noch nicht so richtig geschafft haben. Das kann die verschiedenartigsten Gründe haben. Meistens wollen sie noch unerledigte Sachen erledigen – ob sie es können oder nicht – oder sie haben mit Lebenden noch bestimmte Dinge zu klären.

Zu beachten ist hierbei, dass in der Fernsehserie nicht alles der Realität entnommen ist, weil beim Film natürlich alles filmgerecht gemacht werden muss, damit die Einschaltquoten stimmen. Mit der Realität stimmt z. B. überein, dass Mary Ann Winkowski ihre „Gabe" von ihrer Großmutter geerbt hat, die den Vornamen Maria hatte, wobei die Gabe eine Generation übersprungen hat. Über ihre beiden Töchter schreibt sie, dass ihre Ältere die Gabe offenbar nicht hat, die Jüngere ansatzweise schon, sodass sie weiterentwickelt werden kann.

In der TV-Serie heißt die Hauptfigur Melinda, die ihre Gabe ebenfalls von ihrer Großmutter hat, die dort den Namen Mary Ann hat. Melinda bekommt im Verlauf der Serie nicht zwei Töchter, sondern einen Sohn.

Dieses sind die ganz sicheren Gemeinsamkeiten sowie Unterschiede zwischen der Filmproduktion und der Realität. Nun kann sich natürlich jeder seinen eigenen Reim darauf machen, was sonst in der Serie realistisch ist und was eher nicht.

Dass Geistwesen z. B. größere Gegenstände hin und her rücken können, dürfte wohl unrealistisch sein, aber dass sie in irgendeiner Weise ein Stück ihrer Energie verbreiten, ist schon vorstellbar.

Dass man erdgebundene Geister am ehesten auf Friedhöfen antreffen kann, ist allerdings ein Irrtum. Sie sind eher da, wo „was los" ist. In einem Haushalt, einem Verein oder irgendeiner Gruppe, wo regelmäßig „die Fetzen fliegen", sind eher welche anzutreffen als beispielsweise in einer abgelegenen Marienkapelle. Eine unvollständige Liste von Orten, an denen am ehesten Geister sich aufhalten können, nicht müssen, sondern nur können, steht in Mary Ann Winkowskis Buch „Mit Geistern reden" (13): Notaufnahmen, Altenheime, Bars und Kneipen – je schummriger, umso besser –, Zahnarztpraxen, Polizeiwachen, Feuerwachen, Anwaltspraxen, Gerichtssäle, psychiatrische Kliniken, Flughäfen, Sportstadien, Verlagshäuser, Antiquitätenläden, Theater, Filmstudios. Wie gesagt, ist das eine unvollständige Liste, jedenfalls sind es Orte, an denen besonders viel negative Energie vorzufinden ist, weil erdgebundene Geister sich von negativer Energie „ernähren". In der TV-Serie betreibt die Hauptperson Melinda übrigens ein Antiquitätengeschäft, welches in der genannten unvollständigen Liste zu finden ist. Die real existierende Mary Ann hat beruflich und privat viel mit Hunden und Katzen zu tun gehabt. Über Tiergeister schrieb sie übrigens auch.

Erdgebundene Geister sind somit ein Thema für sich, zu dem man individuell mehr oder weniger Zugang finden kann. Aber wenn es Geister gibt, die im Diesseits „hängen bleiben", dann muss es auch irgendwelche Wesen (warum nicht Menschen?) geben, die ihnen helfen können, den notwendigen Übergang ins Jenseits zu schaffen, was in der TV-Serie mit dem Übergang in das Licht dargestellt wird.

An dieser Stelle muss ich zum Vergleich anmerken, dass z. B. auch die Propheten unerlässlich waren, denn ohne ihre Ankündigungen wären die Menschen wohl kaum auf die Idee gekommen, dass ein Erlöser kommen wird. Ob Jesus dieser ist, darüber streiten sich die Religionen, um es weltanschaulich neutral zu formulieren.

Wie „Melinda" im Film, so hilft Mary Ann Winkowski diesen „unerlösten Seelen" (falls diese Benennung richtig ist), ihren inneren Frieden zu finden und in das „Licht" zu gehen. Das Licht übrigens wartet ausnahmslos auf alle Menschen, auch Massenmörder, Kinderschänder, Mafiosi usw. Was diese dort erwartet, weiß sie nicht, schreibt sie.

Das Vorwort in ihrem Buch „Mit Geistern reden" schrieb übrigens James van Praagh, dessen Name im „Cast" als „Co-executive producer" zu lesen ist, im Gegensatz zu Mary Ann Winkowski, die dort nicht erscheint. Wenn man eh schon genug in Anspruch genommen wird, dann verstehe ich das ganz gut, dass man nicht noch mehr in die Öffentlichkeit will. James van Praagh gehört zu den bekanntesten „Medien" oder „Hellsehern" der Welt, wie z. B. auch der Schotte Gordon Smith und der Schweizer Pascal Voggenhuber, die auch Bücher geschrieben haben. Hierbei ist zu beachten, dass „hellsehen" nicht gleichbedeutend mit „immer recht haben" ist und dass es auch „hellhören", „hellfühlen" usw. gibt. Diese medialen Fähigkeiten sollen sogar erlernbar sein, so wie praktisch jeder Klavier spielen lernen kann, aber nicht jeder ein Mozart ist (14). Mehr kann ich hierzu nicht schreiben, denn davon verstehe ich nichts. Weder vom Klavierspielen noch von medialen Fähigkeiten. – Oder noch nicht?

Der Vollständigkeit halber muss noch angemerkt werden, dass auf der Internetseite von „Ghost Whisperer" Mary Ann Winkowski zusammen mit James van Praagh als „Co-executive producer" genannt wird.

Außerdem zeigt derselbe deutsche Sender noch die Serie „Medium – Nichts bleibt verborgen", die inhaltlich viel mit „Ghost Whisperer" gemeinsam hat. Hier wird das Medium Allison Dubois zwar von einer Schauspielerin gespielt, erscheint aber unter ihrem echten Namen. Die in 1972 geborene Hellseherin ist also noch gar nicht so alt, arbeitet, genau wie in der Serie, für die Staatsanwaltschaft und hat, ebenfalls wie in der Serie, drei Töchter, die anscheinend alle die Gabe von ihrer Mutter geerbt haben.

Im Falle dieser beiden Serien kann ich dem Werbespruch dieses Senders überzeugt zustimmen: „So sieht's aus!"

„Wissenschaft ohne Religion ist lahm,
Religion ohne Wissenschaft ist blind."

Albert Einstein

„Ich fühle mich nicht zu dem Glauben verpflichtet, dass derselbe Gott, der uns mit Sinnen, Vernunft und Verstand ausgestattet hat, von uns verlangt, dieselben nicht zu benutzen."

Galileo Galilei

3. Sinn des Sterbens – Sinn des Lebens

3.1 Was wir lernen können

Wir sind ja, wie bereits erwähnt, alle unser ganzes Leben lang sowohl Lehrer als auch Lernende. Es kommt allerdings darauf an, dass wir als Lernende die für uns RICHTIGEN als Lehrer erkennen. Die Nahtoderfahrenen sind unsere besten Lehrer, denn sie sind bereits in eine höhere Bewusstseinsebene eingetaucht und können uns vom Sinn des Lebens eine Menge berichten.

Damit bloß keine Missverständnisse aufkommen: Ich behaupte auf gar keinen Fall, dass ich im Leben meistens das Richtige gemacht habe und dass ich meistens die richtige Einstellung und das richtige Moralverständnis gehabt habe. Natürlich habe ich genauso viel Mist gebaut und falsch gehandelt wie so ziemlich jeder andere von uns auch. Ebenso bin ich zu der Erkenntnis gekommen, dass ich 48 Jahre zu den Idioten gehörte, die ihr Goldstück bzw. Talent vergraben haben, anstatt etwas daraus zu machen oder, wie es wörtlich heißt, zu vermehren (vgl. Matthäus-Evangelium 25, 14–30). Das ist zwar einerseits sehr ärgerlich und zu bedauern sowie zu bereuen, darf aber kein Grund zum Verzweifeln sein, denn es kommt vielmehr darauf an, endlich zu erkennen, worauf es wirklich ankommt. Und das funktioniert auch, selbst wenn man den größten „Scheiß" gebaut hat. Denn wenn man genau das erkannt hat, darf man sich nicht selbst um die Chance bringen, sich zu ändern und bestimmte Dinge fortan besser zu machen. Allerdings mit Blick darauf, was man für andere tut. Oder was man anderen antut. Es darf nicht unser Ziel sein, nur unsere eigene Seele zu retten. Was glauben Sie, wie viele Menschen nur deshalb anderen etwas Gutes tun, damit ihre eigene Seele gerettet wird? Das ist natürlich besser als schlecht zu handeln. Das schon! Aber das ist nicht der alleinige Sinn der Sache, denn man muss schon ein echtes Interesse daran haben, dass es anderen Menschen auch gut geht.

Sozial und humanitär handeln ist immer gut, aber genauso selbstverständlich muss das Negative, das Verbrechen, das Kriminelle entschieden abgelehnt werden, wie Korruption beispielsweise, womit sich so viele „Größen" in Politik und Wirtschaft ja so schwertun. Wenn man eh schon satt und genug verdient: Was ist denn dann so schwer daran, auf zusätzliche „Dazuverdienste", von denen man weiß, dass sie nicht rechtens sind, zu verzichten? Warum nicht einfach deutlich klarstellen, womit man nichts zu tun haben will? So wie Papst Franziskus, der die Mafia ausdrücklich exkommuniziert hat. Damit es alle richtig verstehen: Der Papst hat die Mafia aus der Kirche „rausgeschmissen"! Das wurde auch endlich mal Zeit!

Man kann doch nicht jeden Sonntag in die Kirche gehen und Wallfahrten machen usw. und gleichzeitig stillschweigend dulden, dass die Mafia mit ihren brutalen, grausamen Verbrechen einfach so ungehindert weitermacht, wie sie will. Dann ist man doch nicht ganz dicht!

Man muss die Verbrechen grundsätzlich beim Namen nennen und sich deutlich in entschiedener Form davon distanzieren (15). Eine andere Möglichkeit gibt es nicht!

Um noch einen Schritt weiterzugehen, reicht es nicht aus, die Verbrechen zu verurteilen, sondern es müssten präventiv den Gefährdeten, die in die Kriminalität abzugleiten drohen, Alternativen angeboten werden.

Wer hätte sich denn träumen lassen, dass im 21. Jahrhundert noch Terroristen von einer Sorte auftauchen, die in jeder Epoche der Geschichte, wahrscheinlich noch unter Primaten, zu den Asozialsten gehört hätte?

Aber den Gefährdeten, die sonst keine Perspektive mehr für sich sehen und sich genau deshalb von solchen Banden der primitivsten Art anwerben lassen, müssten Alternativen angeboten werden, wobei auch u. a. die Kirchen gefordert sind.

Diese gute Idee jedoch möchte ich mir nicht ungerechtfertigt selbst aneignen, weil sie nicht meine eigene ist, sondern einem produktiven Gespräch mit einem Arbeitskollegen entstammt. Danke, Manuel!

Bei diesem Thema an die Kirchen zu denken kann gar nicht so verkehrt sein, weil gerade der Religionsstifter sich besonders um soziale Randgruppen gekümmert hat.

3.2 Warum ist so viel Leid in der Welt? Warum gibt es überhaupt Übel?

Das sind nun wirklich Fragen, die sich viele gute sowie auch schlechte Menschen stellen, wobei sich sofort die nächste Frage stellt, nämlich wo denn eigentlich die Grenze zwischen gut und schlecht verläuft: Das kann nur damit beantwortet werden, dass die Grenzen fließend sind.

Es gibt tatsächlich Antworten. Diese sind allerdings ein bisschen schwer zu „verdauen". Das Übel, das es in der materiellen Welt gibt, ist (leider) notwendig, weil sonst der freie Wille, den Gott uns gegeben hat, nicht möglich wäre. Das heißt Folgendes: Wenn Gott die Welt nicht unvollständig, d. h. so wie sie jetzt ist, sondern perfekt geschaffen hätte, sodass alles genau nach seinem Willen verläuft, dann wären wir alle, und zwar alle Menschen, keine selbstständig denkenden Wesen, sondern Marionetten, die nicht fähig wären, sich eine eigene Meinung zu bilden, eine eigene Denkweise zu gestalten, und nicht in der Lage wären, sich geistig und seelisch weiterzuentwickeln (12).

Die Menschen haben die Fähigkeit erlangt, auf verschiedene Weisen Geburtenkontrolle durchzuführen, um sich hinterher zu fragen, ob sie es überhaupt dürfen. Außerdem sind die Menschen zu der Fähigkeit gekommen, klonen zu können, um sich danach zu fragen, ob sie es überhaupt dürfen. Das ist, wenn man mich fragt, von Gott so gewollt. Der Mensch ist mit vielen Fähigkeiten beschenkt worden, allerdings mit der Verpflichtung nachzudenken. Nachzudenken darüber, ob man alles, was man kann, auch darf.

Dass so viele Kinder sterben bzw. so viele Menschen in jungen Jahren ihr Leben verlieren oder auch „zu früh sterben", wird von den meisten Menschen bedauert. Aber man kann dieses tatsächlich auch aus einer anderen Perspektive sehen, was an dieser Stelle bestimmt nicht von allen Zustimmung findet. Den jungen Menschen, die früh ums Leben kommen und jung sterben, bleibt möglicherweise eine Menge Leid erspart. Das darf jetzt nicht fälschlicherweise als gefühlskalt verstanden werden. Denn abgesehen davon, dass die Menschen nur allzu oft darüber klagen, dass das ganze Leben nur ein Kampf ist, und wie schnell aus einer ganz normalen Alltagssituation eine Stresssituation entsteht, was in den meisten Fällen völlig unnötig ist und nur deshalb entsteht, weil irgendjemand meint, gereizt sein zu müssen, so stellen wir uns mal eine viel extremere Situation vor, dass ein Mensch, bei dem alles im Leben schiefläuft und bei dem nichts gut verläuft, einen Großteil seines Lebens als Obdachloser durchmacht, oder als Opfer von Gewaltverbrechen, vielleicht in Zwangsprostitution, in einer „Drogenkarriere", als Ausgegrenzter, der deshalb unterdrückt und gemobbt wird. Würde so ein armes „Häufchen Elend" sich nicht vielleicht selbst wünschen, schon längst gestorben zu sein? Wir wissen nie, aber wirklich nie, was uns noch alles erwartet, selbst wenn manche Leute glauben, dass ihnen nichts Gravierendes mehr passieren könne. – Und das ist jetzt nur unter der Voraussetzung der Theorie des Nur-einmal-Lebens gedacht.

Wenn wir mehrmals leben, dann kann das frühe Sterben eines Menschen auch bedeuten, dass er/sie nicht mehr so lange zu leben BRAUCHTE. Dieser Mensch hatte bereits eine Phase in der Entwicklung seiner Seele erreicht, die kurz vor dem „Perfekt-Sein" stand. Das kann man so betrachten, dass die Seelen dieser JUNGEN Menschen schon ALT und reif genug sind, dass sie tauglich und genug fortentwickelt für eine höhere Existenzebene sind. In dem

Zeitraum zwischen Geburt und Tod, den wir Leben nennen, sind wir schon gefordert genug, möglichst das Beste daraus zu machen, noch dazu herauszufinden, was denn eigentlich das „Beste" ist. Wir sind unser Leben lang mit Fragen darüber konfrontiert, ob das, was wir machen, denn in der entsprechenden Situation wirklich richtig war oder ist oder ob das, was wir vorhaben, überhaupt „in Ordnung" ist. Was glauben Sie, wie oft und wie verbittert ich mich schon darüber geärgert habe, dass ich in gutem Glauben Leuten geholfen hatte, die sich hinterher als üble Dreckschweine entpuppt haben? Wenn diese an meiner Hilfeleistung letztendlich ersticken, darf ich mich zwar nicht darüber freuen, aber ich würde es nicht so richtig wirklich bedauern. Ebenso hätte ich so vielen Bedürftigen, die es verdient gehabt hätten, gerne geholfen, musste aber feststellen, dass ich es leider nicht konnte. Dass ich so manchem tatsächlich Bedürftigen hätte helfen können, wenn ich irgendwelchen dreckigen Halunken nicht geholfen hätte, kommt noch dazu. Falls in solchen Fällen irgendwelche Dämonen (wenn es sie gibt) mitgewirkt haben sollten, werde ich sie mir vorknöpfen, wenn ich im Jenseits angekommen bin. Ob ich Angst vor denen habe? – Ich hoffe, die vor mir!

Ob ich auch Menschen helfen konnte, denen ich gerne geholfen habe? Natürlich hat es auch solche Fälle gegeben. In diesen Fällen sei den Engeln gedankt, die zur Unterstützung beigetragen haben. Was meinen Lebensverlauf betrifft, habe ich keinen Grund, mich über alle meine Misserfolge zu ärgern, denn wenn in meinem Leben alles so schön glatt gelaufen wäre und wie geplant geklappt hätte, dann hätte in meinem Fall die Gefahr bestanden, dass ich so ein selbstgefälliger „Spießer" geworden wäre. Und mit solch einem blöden Typen, der ich hätte werden können, möchte ich ganz und gar nicht tauschen.

Bestimmt bin ich nur einer unter sehr vielen, die im Nachhinein eingesehen haben, dass der eine oder andere Misserfolg für die eigene Entwicklung im positiven Sinn nützlich, vielleicht sogar notwendig war. Vielleicht sorgen unsere Schutzengel manchmal dafür, dass wir eins auf den Deckel kriegen, weil wir sonst um unsere Chance gekommen wären, uns seelisch weiterzuentwickeln.

3.3 Engel und Geistführer

Wie viele Schutzengel und Geistführer ein Mensch hat und ob jeder gleich viele hat, muss ich leider bis auf Weiteres als „nicht geklärt" stehen lassen, wie so vieles andere auch, wobei hier unterschieden werden muss zwischen Engeln, die ausschließlich im Jenseits existieren, und Geistführern, die sich ebenfalls im Jenseits befinden, aber bereits als Menschen im Diesseits gelebt haben. Unsere Geistführer sind wohl, vielleicht hauptsächlich, Verwandte, die bereits gestorben sind, egal ob wir sie kennengelernt haben oder ob sie schon vor unserer Geburt die materielle Welt verlassen haben; es können aber auch verstorbene Bekannte oder auch Menschen, die wir gar nicht gekannt haben, sein.

3.4 Gedanken in der geistigen Welt

Außer der Tatsache, dass die Geistwesen in der geistigen Welt einen exorbitanten Wissensvorsprung gegenüber uns „beschränkt Denkenden" in der materiellen Welt haben, ist die Denkweise, die uns dort erwartet, für uns ziemlich gewöhnungsbedürftig (16). Nehmen wir einmal an, dass ein Inhaber einer gut gehenden Firma stirbt und der Sohn oder die Tochter führt das Geschäft weiter. Dann geht die Firma auf einmal pleite. Doch dann dreht sich der Erblasser nicht „im Grab herum", wie man so sagt, sondern er (als Geistwesen im Jenseits) denkt sich: „Der materielle Verlust ist nicht schlimm. Aber hoffentlich hat mein Kind das Richtige aus dieser Erfahrung gelernt."

Ganz so befremdlich braucht diese Denkweise für uns dennoch nicht zu sein, denn materieller Besitz ist, na ja, um es mit Einstein auszudrücken, immer „relativ".

Bezug nehmend auf eine Anekdote von Mutter Teresa wurde sie einmal dabei beobachtet, wie sie einem Kranken eine Wunde behandelte. Da das allerdings so eklig aussah, meinte ein Journalist dazu: „ Das würde ich nicht für eine Million Dollar machen." Darauf antwortete Mutter Teresa: „Ich auch nicht."

In einem anderen Fall erinnere ich mich an einen Zeitungsbericht, in dem berichtet wurde, dass ein Baggerfahrer ein paar Hunderttausend Mark (das ist schon eine Weile her) gefunden hatte, wonach er den Fund ordnungsgemäß meldete und abgab und folglich weiter arbeiten ging. Das konnte ich damals noch nicht so richtig nachvollziehen. Heute schon!

3.5 Leichte Einblicke in die geistige Welt

Ein bisschen schwierig ist es schon, anderen Menschen etwas über die geistige Welt zu erzählen, wenn man selbst weder ein Medium ist noch eine Nahtoderfahrung gemacht hat. Dennoch hat es für mich ein paar Möglichkeiten gegeben, mal zumindest an der geistigen Welt zu „schnuppern":

Zum Glück war ich, was ich beruflich als bisher tiefsten Punkt betrachte, nur etwa zwei Wochen „Kunde" bei der Agentur für Arbeit, von der wirklich nicht viel zu halten ist, und was man besser nicht zu spüren bekommt. Dass ich dann, entgegen allen Erwartungen, doch bei meinem früheren Arbeitgeber wieder eingestellt wurde, steht temporal und mit größtmöglicher objektiver Betrachtung auch kausal genau in Verbindung damit, dass meine Schutzengel und Geistführer mir damit mitteilten: „O. K., wir helfen dir. Aber mach etwas daraus!" Wie das zu verstehen ist, ist meine Sache, aber ich habe die Botschaft verstanden. Mit „meiner Sache" meine ich, dass ich mein Leben genau danach gestalte, was ich als Sinn des Lebens verstanden zu haben glaube, was z. B. beinhaltet, dass ich an dem Vorhaben festhalte, als Rentner noch 30 Jahre ehrenamtlich für Bedürftige tätig zu sein. Natürlich ist es nicht schlimm, wenn es nur zehn Jahre werden, denn ich kann nicht wissen, wie alt ich werde, aber solange ich noch zehn Kilometer in einer Stunde laufe, fühle ich mich noch relativ fit. Allerdings wäre meine Gesundheit schlechter, wenn ich bei der Arbeitsagentur geblieben oder bei einer Leiharbeit gelandet wäre.

Meinem Arbeitgeber, der mich erneut eingestellt hat, bin ich jedenfalls sehr dankbar. Danke auch an Eva, André und besonders Sabine!

In einer anderen Situation musste ich leider eine menschliche Enttäuschung zu spüren bekommen, von welchen ich eh schon genug erlebt hatte. Dabei ist mir meine Oma mütterlicherseits, die vor knapp 30 Jahren gestorben war, „im Traum" erschienen, wobei „im Traum" eine schlechte Beschreibung ist, denn obwohl im Ruhezustand, war ich nicht in einer Schlafphase, sondern in einer Wachphase und habe, sozusagen „mit meinem geistigen Auge", meine Oma wahrgenommen, die mir eine Warnung signalisierte. Nicht mit Worten oder Sätzen, sondern mit Telepathie, also mit direkter Gedankenübertragung, denn in dieser Form geschieht die Kommunikation in der geistigen Welt. Das ist zwar eine sehr vage Wahrnehmung gewesen, aber um eine präzisere Mitteilung zu empfangen, dazu war ich offenbar nicht in der Lage. Man könnte es sich vielleicht am besten so vorstellen, dass man auf einmal den Hinweis „Achtung!" oder „Aufpassen!" erhält, etwa so wie durch Zuruf oder durch ein Schild.

Allerdings verdrängte ich diese Warnung, weil ich sie einfach nicht wahrhaben wollte. Meine Oma wird mir das schon vergeben, denn wer schon mal als Mensch gelebt hat, versteht sehr wohl die Schwächen, die man haben oder bekommen kann. Jedenfalls hoffe ich, dass ich nicht wieder so ignorant bin, denn jetzt hab ich wohl endlich daraus gelernt und versuche demzufolge, die Botschaften aus dem Jenseits bewusster wahrzunehmen.

So kann man mal wieder darüber staunen, was alles Realität ist. Und mit „Realität" meine ich auch REALITÄT!

Übrigens: Haben Sie schon einmal im Traum „Besuch" von Verstorbenen bekommen? Die Geistwesen in der geistigen Welt machen so etwas schon mal, denn das scheint eine der einfachsten Möglichkeiten zu sein, uns etwas mitzuteilen. Dass meistens keine Informationen bei uns ankommen, liegt an uns, weil wir unsere „Antenne" einfach nicht auf spirituelle Angelegenheiten ausgerichtet haben und uns selbst beschränken auf diesseitige Alltagsthemen wie Geld, Wirtschaft, Besitz, Urlaub, Freizeit und, und, und ...

Glauben Sie bloß nicht, dass unsere Verstorbenen tot sind! Die sind so quicklebendig, wie wir es uns gar nicht vorstellen können. Neben den Aufgaben, oder Beschäftigungen, jedenfalls dem, womit die Geistwesen so normalerweise beschäftigt sind – hier kommt wieder die Unbeschreibbarkeit der transzendenten Dinge zum Vorschein! –, möchten die Geistwesen uns doch manchmal einen kleinen Tipp oder einen guten Rat geben, damit wir auf den richtigen Weg gelangen. Dafür haben sie zwischendurch natürlich schon mal „Zeit", denn in der Ewigkeit spielt ja Zeit keine Rolle.

Nach dieser Abschweifung komme ich jetzt wieder zum Thema dieses Abschnitts zurück.

Im Straßenverkehr, wo eigentlich immer Gefahr lauert, habe ich einmal gesehen, wie von einem Lieferwagen eine große Glasscheibe herunterfiel und auf der Straße in Scherben zerbrach. Wenn ich mit meinem Fahrrad ein paar Meter weiter (oder schneller) gewesen wäre, wäre die Glasscheibe auf mich gefallen. Daraufhin richteten sich meine Gedanken als Erstes auf meine Schutzengel und Geistführer: „Danke! Ihr wart wieder mal gut! Aber was hat das jetzt zu bedeuten? Mit welchem Quatsch muss ich aufhören? Darauf bekam ich keine Antwort. Oder meine „Antenne" hat nicht richtig funktioniert.

Damit meine ich, dass unsere Schutzengel und Geistführer uns viel öfter, als wir glauben, etwas mitteilen wollen. Wir sind nur allzu oft nicht bereit dazu, diese Botschaften zu empfangen.

Zu einem anderen Zeitpunkt ist mir mal die Frage in den Sinn gekommen, wer denn wohl meine geistigen Führer sind. Auf meine (gedachte) Frage: „Ich würde gerne wissen, wer ihr eigentlich seid", bekam ich eine Gedankenübertragung, die ich mit meinen Worten etwa wie folgt übersetzen bzw. formulieren würde: „Kümmere du dich mal um deinen Kram! Du hast im Diesseits noch genug zu erledigen. Du musst noch den Hintern hochkriegen. Du musst noch was leisten!" Mit dieser Antwort musste ich mich zufriedengeben.

Diese unvollständige Auflistung reicht meiner Meinung nach aus, um aufzuzeigen, dass ich doch nicht ganz ohne leichte Einblicke in die geistige Welt bin. Aber das hat mit Hellsehen, Nahtoderfahrungen oder bewusstem Kontaktieren mit der geistigen Welt noch lange nichts zu tun. Letzteres soll man sogar lernen können, wie ich mal gelesen habe. Aber davon bin ich als ganz normaler Nicht-Hellseher zu weit entfernt. Ich durfte lediglich die geistige Welt ein kleines Stück auf mich einwirken lassen. So kann man es, glaube ich, einigermaßen genau ausdrücken. Die geistige Welt auf uns einwirken lassen können wir alle, wie ich meine, und zwar, wenn wir ein Bisschen mehr auf unsere „innere Stimme" achten bzw. „hören". Es könnte sein, dass uns schon mal ein Geistwesen aus der geistigen Welt, das vielleicht ein verstorbener verwandter Mensch sein kann, etwas Wichtiges mitteilen möchte und wir das auch irgendwie spüren oder zu spüren glauben. Obwohl mir die letztendliche Beweisführung nicht gelingt, muss ich dennoch betonen, dass unsere materiell eingestellte Gesellschaft uns immer wieder vergessen lässt und dass wir aus irgendwelchen Gründen es nicht wahrhaben wollen, dass die materielle Welt und die geistige Welt nicht vollständig voneinander getrennt sind, sondern diese beiden Welten schon mal aufeinandertreffen. Es kann schon mal ein verstorbener Mensch, der jetzt Geist ist, uns etwas mitteilen wollen, das uns in irgendeiner Form weiterhelfen soll. Das kann eine verwandte oder bekannte Person sein, aber auch ein uns völlig unbekannter Mensch, den wir nie gekannt haben.

Denn wir Menschen helfen auch schon mal anderen Menschen, die wir gar nicht kennen. Dann halten wir uns oft für besonders sozial. Und so sozial wie wir Menschen (manchmal) sind, so sozial sind die Geistwesen in der geistigen Welt erst recht!

Dass diese Thematik, die Eingebungen betrifft, die wir von Einbildungen dringend unterscheiden müssen, mit Vorsicht zu genießen ist, zeigen auch Fälle, von denen ich auch schon gehört habe, nämlich dass Leute von einer Brücke oder einem Haus heruntergesprungen waren und hinterher behaupteten, dass eine „Stimme" ihnen das angewiesen hatte. Vor solchen unsinnigen Aktionen jedoch kann man sich eigentlich leicht schützen, indem man einfach „klaren Kopf" bewahrt und bei allem ständig prüft, ob es denn einen Sinn hat bzw. haben könnte oder ob es völliger Blödsinn wäre, der nun wirklich nichts und niemandem in irgendeiner Weise nützt.

Ob es sein kann, dass vielleicht auch Dämonen uns schon mal etwas mitteilen – und zwar Negatives –, muss ich offen lassen, denn ich lege mich (noch) nicht fest, ob es diese Halunken gibt. Aber es reicht, wenn man immer prüft, was einen Sinn hätte und was nicht. Ob es Dämonen, und zwar als eigenständige Wesen, gibt oder nicht, wüsste ich auch gerne, denn das muss ich als noch nicht geklärt betrachten. Aber falls wir, ob im Diesseits oder im Jenseits, mit diesen Drecksäcken konfrontiert werden sollten, müsste es wohl ausreichen, dass wir mit denen einfach nichts zu tun haben wollen. Denn wenn wir uns fest entschlossen für die richtige Seite entscheiden bzw. entschieden haben, dann kann uns die falsche

Seite nichts anhaben. Für Christen und Juden könnte man wohl vereinfacht sagen: Wer sich eindeutig für Gott entschieden hat, dem kann der Teufel – wenn es ihn gibt – nicht gefährlich werden. Für Buddhisten müsste genauso klar sein, dass „Das Eine" bzw. die riesige Gesamtseele einem bestimmt keinen Blödsinn raten würde.

„Jeder Einzelne von uns hat seinen bestimmten Platz im Universum."

Dr. Elisabeth Kübler-Ross, Ärztin und bisher bekannteste Sterbeforscherin der Welt, die auch getrost zu den 100 größten Denkern des 20. Jahrhunderts gezählt werden kann

In einem Kirchenlied lautet ein Auszug:
„Gott baut ein Haus, das lebt, aus vielen bunten Steinen ..."

„Dann bin ich ein leuchtend heller Stein im Fahrradkeller."

Christoph J. Firneis, Postzusteller

3.6 Theorie und Praxis

Um folgenschwere Fehler zu vermeiden, müssen wir uns vor Augen halten, dass wir uns oft genug über uns selbst ärgern, wenn wir falsch gehandelt haben, und zwar wider besseres Wissen. Das ist aber etwas Alltägliches, über das wir nicht verzweifeln dürfen, denn das hat keinen Sinn und ist auch nicht erforderlich. Übrigens lässt sich so manches im Nachhinein auch wieder gutmachen. Es kommt vor allem darauf an, dass wir aus allem das Richtige lernen. Noch dazu kommt, dass wir zwar unsere moralischen Prinzipien haben, aber aufgrund bestimmter Situationen die Durchführbarkeit irgendwie schlecht möglich ist.

In einem extremen Beispiel setze ich einmal voraus, dass Mord von uns allen verurteilt bzw. abgelehnt wird, was heißt, dass man das auf gar keinen Fall billigt. Ebenso lehne ich entschieden Selbstmord sowie auch Todesstrafe ab, denn wir als Menschen, also als Geschöpfe, haben nicht das Recht zu bestimmen, wann eine Seele einen Körper zu verlassen hat. Der Seele hilft es überhaupt nicht, wenn sie den Körper zu einem nicht vorgesehenen Zeitpunkt verlässt. Denen, die das zu verantworten haben, auch nicht. Genauso bringt Selbstmord der Seele ganz bestimmt nicht das, was man sich davon erhofft.

Aber verlegen wir das Thema einmal von der Theorie in die Praxis, etwa in die Weltpolitik: Wenn wir uns ganz strikt an „nicht töten" halten, würde das bedeuten, dass wir die Welt den Terroristen, Tyrannen, Despoten, Unterweltbossen, Sadisten usw. – deutlicher ausgedrückt: den Bekloppten und Durchgeknallten – überlassen würden, was schlicht und einfach idiotisch, weil verheerend und katastrophal wäre. Das Verhindern dieser Katastrophe ist dann natürlich verbunden mit Gewaltanwendungen und Tötungen. Moral und Ethik beinhalten nun mal Problematiken, die sich nie, jedenfalls meistens nicht, zu 100 Prozent lösen lassen und für die sich meistens keine Patentlösungen anbieten.

Im eigenen persönlichen Umfeld sieht es auch so aus, dass wir bestimmte Situationen, Konstellationen oder Hackordnungen vorfinden, die wir einfach nicht verändern können und mit denen wir so gut wie möglich klarkommen müssen. Wir können nur im Rahmen unserer Möglichkeiten handeln und somit nur sehr beschränkt und bedingt Dinge verändern. Auf einer Arbeitsstelle hat ein Vorgesetzter – mehr oder weniger – die Möglichkeit, auf das Arbeitsklima im Allgemeinen Einfluss zu nehmen, sowohl positiv als auch negativ. Als einfache Mitarbeiter haben wir diese Möglichkeiten nur sehr bedingt im ganz kleinen Rahmen. Doch diese können wir nutzen! Ob wir es tun, liegt in unserer Entscheidung. Im privaten Bereich, wie etwa im Freundeskreis oder im Verein, sieht es ähnlich aus. Von unserer persönlichen Entscheidung hängt es ab, ob wir uns für ein besseres Miteinander von möglichst allen innerhalb einer bestimmten Gruppe einsetzen oder ob wir lieber von jedem Einzelnen möglichst viele Vorteile für uns selbst herauszuholen versuchen.

Versuchen wir mal, egoistisch und materiell zu denken, und zwar entgegen unseren Idealen: Angenommen, wir haben solche „Freunde" wie Stalin, Al Capone, Khomeini, Göring oder Mielke und wir wollen für unsere eigene Sicherheit und unser eigenes Wohlergehen das Beste, dann liegt die Vermutung nahe, dass wir uns mit unseren „Freunden" am besten gut verstehen müssten. Hierin liegt genauso ein Irrglaube wie im Vertrauen auf materielle Sicherheit, die im Kapitel 1.8 angesprochen ist und die es in Wahrheit nicht gibt. Genauso ist es reine Illusion, solchen „Freunden" wie den eben genannten vertrauen zu können, denn man kann jederzeit (!) und aufgrund irgendwelcher Umstände oder „Zufälle" plötzlich die Gunst solcher „Freunde" verlieren und vielleicht sogar auf einmal dem Tod geweiht sein. Solche „Freundschaften" sind also, selbst aus egoistischer Sichtweise, nichts wert.

Wenn man hingegen Menschen vertraut, die charakterlich so einigermaßen an Mutter Teresa, Franziskus, Buddha oder Gandhi herankommen, dann kann man sichergehen, dass sie einem immer zur Seite stehen.

Das egoistische, materialistische Denken und Handeln ist letztendlich das, was sich am allerwenigsten lohnt, wenn man einfach nur Logik und Vernunft einschaltet. Wenn man allerdings Tomaten auf seinen geistigen Augen hat, macht man es sich, vor allem seiner Seele, selbst schwer, und das auch noch unnötig.

Falls irgendeine Verbrecherbande oder sonst eine mafiöse Vereinigung mit irgendwelchen Summen, und sei es mit Millionen, locken würde, so gäbe es keinen einzigen Grund, bei denen mitzumischen. Wenn man materiell eh nicht besonders interessiert ist, fällt das auch nicht gerade schwer.

Ob man mir etwas von materiellem Wert anvertrauen könnte? Klar! Egal was für hochwertige Sachen oder noch so hohe Summen es sind, so bekommt man alles von mir im Originalzustand wieder zurück. Doch Vorsicht! Mir kann man nur saubere Geld- und Wertsachen anvertrauen. Dreckiges Geld oder geraubte Sachen gehen direkt an die Polizei.

Trotzdem ist bei jedem Thema, in das man sich noch so tief hineindenkt, geboten, alles in der richtigen Relation zu sehen und auf dem Boden der Tatsachen zu bleiben. Wir können noch so hilfsbereit und sozial engagiert sein, wie wir wollen, aber wir müssen trotzdem darauf aufpassen, dass wir an jeder Ecke vielleicht übers Ohr gehauen werden können, denn wir können jederzeit irgendwelchen Kriminellen begegnen, die nur auf die Mitmenschlichkeit anderer warten, um diese auszunutzen und sich über die Gutmütigkeit anderer kaputtzulachen. Es hat keinen Sinn, solche dreckigen Ganoven zu unterstützen. Dann geben wir uns am besten mit keinem fremden Menschen mehr ab? Das geht auch nicht. Wir können schlecht allen und jedem alles recht zu machen versuchen und genauso wenig jeden, den wir nicht kennen, abweisen. Den richtigen Mittelweg zu finden ist oft keine leichte Aufgabe, weil in der materiellen Welt oft das Gute sowie das Schlechte so schwer erkennbar sind.

„Der Mensch ist ein so hoch kompliziertes Naturprodukt, dass Gott nicht solch einen riesigen Aufwand unternommen hätte, um es wieder komplett vergehen zu lassen. In der materiellen Welt vergeht alles, was entsteht, irgendwann. In der geistigen Welt nicht. Dort treffen wir uns alle wieder."

Christoph J. Firneis

3.7 Eine alternative Wirtschaftsansicht

Kann man eigentlich für einen Arbeitgeber arbeiten, natürlich korrekt und gewissenhaft, und gleichzeitig Aktien von einem Konkurrenzunternehmen halten? Das scheint über das Vorstellungsvermögen der zahlreichen Leute, nicht nur „Manager", die sich selbst im Wirtschaftsdenken gefangen halten, hinauszugehen, denn es hat absolut nichts damit zu tun, „zwei Herren zu dienen", denn das wäre nur dann der Fall, wenn das eine Unternehmen gut und das andere schlecht wäre. Und wann ist das schon der Fall? Eine bessere Antwort findet man im Johannes-Evangelium: „Ich lebe, und ihr sollt auch leben." Dieser Satz, den ich, zugegeben, aus dem Zusammenhang gerissen habe, liest sich aber so, wie er als Einzelsatz steht, auch ganz gut. Man kann doch durchaus für sich selbst arbeiten, damit man sein Auskommen hat und zurechtkommt, und gleichzeitig anderen gönnen, dass sie ebenfalls klarkommen. Es gibt jedenfalls Leute, die das schaffen! Tatsächlich! Ist das denn so schwer?!

3.8 Schlussbemerkungen

Meine Intention ist vor allem, dass die Leser einen Sinn darin erkennen, dass man sich besser gegenseitig hilft, als sich zu bekämpfen und anzufeinden, was bis in die kleinsten, banalsten Alltagssituationen hineinreicht oder gerade dort anfängt. Genau dieses haben die Nahtoderfahrenen während ihrer Grenzerfahrung beim Erreichen einer höheren Bewusstseinsebene erkannt.

Wir sind alle Lehrer und Lernende zugleich, indem wir uns die Erkenntnisse anderer zunutze machen und die eigenen gewonnenen Erkenntnisse an andere weitergeben. Selbstverständlich ist das im Alltag, also in der Praxis, nicht so einfach, wie man in der Theorie, wenn man gemütlich am „grünen Tisch" sitzt, so leicht dahersagen kann, wie man was am besten macht. Wie man auf welche Situation am besten reagiert, selbst wenn wir noch so sozial eingestellt sind, müssen wir meistens so schnell entscheiden, dass wir hinterher am Grübeln sind, ob wir denn wirklich richtig gehandelt haben, oder dass wir über uns selbst ärgern, weil wir in dem einen oder anderen Fall doch ganz anders hätten reagieren sollen.

Wie bereits beschrieben, sind besonders Stolz und Neid mit die schlechtesten Charaktereigenschaften, die man haben kann und die so schnell wie möglich zu externalisieren sind. Aber der Sinn des Lebens wäre zu einfach, wenn Freundlichkeit und Gutmütigkeit IMMER die Lösung wären. Wir wissen ja, dass Gutmütigkeit oft als Dummheit ausgelegt wird, und zwar so oft, dass einem geradezu der Kragen platzen kann. Wenn man schon mal den übertriebenen Stolz eines anderen, der sich danebenbenimmt, in die Schranken weist, könnte man diesem Menschen vielleicht helfen, über sich selbst einmal nachzudenken. Das heißt jedoch nicht, dass man, bildlich gesehen, immer gleich „zurückschlagen" muss, denn der friedliche Weg könnte ja doch der bessere sein. Egal ob wir friedlich oder streng mit jemandem umgehen: Es muss alles in guter, positiver, wohlwollender Absicht gemeint sein! Schließlich müssen wir unserer in uns befindlichen „Mutter Teresa" eine Chance geben, anstatt unseren „Hitler" herauszulassen.

Dass mir selber oft genug der Hut hochgeht, wenn ich mit dummen Menschen zu tun habe, die sich selbst auch noch für besonders schlau halten, muss ich leider zugeben. Ebenso habe ich bei dummen Menschen oft genug feststellen können, dass, wenn sie merken, dass sie es mit einem Klügeren zu tun haben, diesem gegenüber direkt feindlich gesinnt sind, denn sie könnten ja von dem Klügeren „durchschaut" werden. Aber was ist denn daran so schlimm? Also, ich habe schon oft mit intelligenten und sehr intelligenten Menschen zu tun gehabt. Wenn diese also mich „durchschauen", dann können sie ja nur feststellen, dass ich niemandem (außer Verbrechern) etwas Schlechtes gönne. Und das darf schließlich jeder wissen. Auch die Verbrecher. Und auch wenn es intelligente Verbrecher sind. Jedenfalls solange ich nicht als verdeckter Ermittler tätig bin. (Auch das habe ich schon einmal gemacht, als ich bei einem Sicherheitsunternehmen war. Aber das interessiert heute nun wirklich absolut niemanden mehr.)

Ein weiteres Anliegen von mir ist mitzuteilen, dass wir vor dem Tod keine Angst zu haben brauchen, denn es gibt ihn nicht. Unsere Seelen kommen alle aus der geistigen Welt, sind in diese unsere Körper hineingesetzt worden und kehren alle in dieses faszinierende, überaus freundliche, überdimensional helle Licht wieder zurück. Dort treffen wir uns alle wieder. Wir werden alles bereuen, was wir uns gegenseitig angetan haben. Damit es uns nicht allzu sehr leidtut, ist es das Einfachste, mit dem „Mist-Bauen" gar nicht erst anzufangen. Wie es mir geht? Ja, selbstverständlich würde ich gerne alles, was ich falsch gemacht habe, wieder wettmachen, so gut es nur irgendwie geht. Allen, die ich von früher kenne und die dieses Buch lesen, kann ich von Herzen mitteilen, dass ich alles, was ich hätte besser machen können, aus heutiger Sicht auch am liebsten besser gemacht hätte. Dennoch darf man nicht darüber verzweifeln, dass man alles, was passiert ist, nicht mehr rückgängig machen kann. Es reicht, wenn wir aus unseren Fehlern lernen. Wenn wir gelernt haben, was wir in Zukunft besser machen können und warum wir was besser machen können, ist das in Ordnung und hat somit einen Sinn. Das Vergangene, d. h. das Schlechte am Vergangenen, kann nicht von jetzt auf gleich praktisch „ungeschehen" gemacht werden und wir können uns nicht ganz schnell und einfach „rein" machen, sondern der Besserungsprozess ist, genau wie sämtliche Lernprozesse, Bestandteil unserer Lebensaufgabe.

Als „Nachwort", wenn ich es einmal so nennen darf, muss unbedingt noch angemerkt werden, dass ich in meinen Ausführungen mit Sicherheit Fehler eingebaut habe, die natürlich unbewusst begangen wurden und die von wissenschaftlichen Erkenntnissen – hoffentlich nicht allzu weit – abweichen. Das betrachte ich allerdings nicht als allzu dramatisch, denn wenn Sie, verehrte Leser, für Themen wie „Leben und Tod" sensibilisiert worden sind und sich vielleicht weiter dafür interessieren, dann reicht ja mein laienhaftes Werk bei Weitem nicht aus. Die Literaturhinweise am Ende des Buches bieten schon bedeutend mehr an qualifizierter Fachliteratur. Dann kann ich allerdings froh genug darüber sein, zumindest einen Einstieg in diese Thematik geboten zu haben.

Zum Schluss, obwohl ich hoffentlich noch ganz weit davon entfernt bin, weil ich noch zu viel vorhabe, möchte ich einen Wunsch zu meiner Beerdigung äußern, denn es könnte mich ja vielleicht doch früher als erwartet treffen: Alle, die mich kennen, sollen aus meiner Beerdigung eine Feier machen. Denn zu trauern gibt es nichts, weil man, wenn man gestorben ist, nicht tot ist. Ich werde bei dem Fest dabei sein und mitfeiern. Aber falls ich ein „falsches" Lied wie „Highway to Hell" oder Ähnliches wahrnehmen sollte, dann werde ich mich bemerkbar machen! Ich kann nur jetzt nicht großspurig „Verlasst euch darauf!" schreiben, denn ich kann mich natürlich nur dann bemerkbar machen, wenn es mir gestattet wird. Ich werde im Jenseits bestimmt nicht einfach machen können, was ich will. Außerdem sehe ich es als sehr wahrscheinlich an, dass ich mit meinen Witzen, die teilweise einen etwas eigenartigen Humor beinhalten, aufhören muss, denn sonst schmeißen die mich raus. So einen Scheiß können die Geistwesen in der geistigen Welt ganz bestimmt nicht brauchen. Außer wenn ich Aufgaben zugeteilt bekommen sollte, die mit Unterhaltung oder Belustigung zu tun haben, statt solcher vielleicht gewöhnlicheren Aufgaben, wie etwa Schutzengeln zu assistieren oder irgendwelchen Dämonen, falls es sie gibt, etwas auf die „Zwölf" zu geben. Wie das in geistiger Form aussehen mag, weiß ich auch nicht. Jedenfalls ist es reine Spekulation, was uns genau erwartet, was wir alles noch lernen – es wird wohl sehr, sehr viel sein! – und was für Aufgaben uns in „Level Two" zugeteilt werden.

Wir brauchen aber nicht zu befürchten, dass der Lernstoff, der uns erwartet, uns überfordert, denn auf Gehirnmasse und Gehirnfunktionsfähigkeit kommt es in der geistigen Welt nicht an. Das Gehirn ist sozusagen „nur" das Werkzeug des Geistes in dem Zeitraum zwischen Geburt und Tod, den wir Leben nennen. Das Gehirn geht zusammen mit dem physischen Körper zugrunde. Es geht nicht mit dem Geist mit auf die weitere Reise.

Schließlich würde es mich freuen, sehr geehrte Leser, wenn Sie mein Büchlein einigermaßen interessant gefunden haben. Falls ich Ihr Interesse an diesem durchaus außergewöhnlichen Thema geweckt haben sollte, haben Sie mit Sicherheit bereits festgestellt, dass ich hiermit lediglich einen Einstieg bieten konnte. In den anschließenden Literaturhinweisen sind tiefer gehende Werke zu finden. Da die wissenschaftlichen Bücher nicht ganz so einfach zu lesen sind, möchte ich besonders zwei eher leicht verständliche Bücher empfehlen, die ebenfalls in den Literaturhinweisen zu finden sind: Roland Bachofner (16) und Kim-Anne Jannes (17) sind beide sogenannte „Medien" oder „Hellseher", die die Fähigkeit besitzen, mit der geistigen Welt Kontakt aufzunehmen. Dass beide unterschiedlich über bestimmte Dinge schreiben, darf man hierbei nicht auf die Goldwaage legen; offenbar haben selbst Hellseher nicht immer den ganz genauen Durchblick. Es wäre ja auch zu einfach, wenn man so leicht zur absoluten Wahrheit gelangen könnte. Dennoch geht das, was beide, ebenso wie andere Medien schreiben, in dieselbe Richtung. Wie die geistige Welt genau aussieht, werden wir tatsächlich erst dann erfahren, wenn es mit uns so weit ist. Dann werden wir aber nicht nur erfahren, was uns erwartet, sondern auch, was für ein Mensch wir hier auf der Erde waren, wie vielen Mitmenschen wir eine Hilfe waren und wie viel Destruktivität wir verbreitet haben.

Hoffentlich müssen wir dann nicht an allzu vielen Stellen denken: „Ach, hätt' ich doch ..."

Ein Medium bzw. einen Hellseher habe ich noch nicht persönlich kennengelernt. Über diese besondere Sorte von Menschen kann ich nicht berichten, wie sie arbeiten. Angeblich sollen manche Medien ihre Jenseitskontakte in Trance herstellen, jedoch habe ich nur Bücher von solchen Medien gelesen, die ausschließlich mit klarem Kopf die geistige Welt kontaktieren. Irgendwelche Rauschmittel wären nur hinderlich.

Jedenfalls bin ich allen, die durchgehalten haben, mein Buch bis zum Ende zu lesen, alleine dafür schon einmal dankbar. Ob die Standpunkte, die ich vertreten habe, die richtigen sind, muss jeder selbst entscheiden.

Ob dieses mein letztes Buch ist? Kann schon sein. Aber dass ich überhaupt ein Buch herausgebracht habe, ist für mich schon ein Erfolg.

Zum Abschluss wünsche ich Ihnen, sehr geehrte Leser, alles Gute und dass Sie aus Ihrem Leben das Beste machen.

Ihr bzw. Euer Christoph

Literaturhinweise

(1)   Dr. Elisabeth Kübler-Ross, Das Rad des Lebens, München 2002

(2)   Prof. Dr. Walter van Laack, Schnittstelle Tod – Was spricht für unser Weiterleben?, Aachen 2014

(3)   Jean-Ives Leloup, Evangelium der Maria Magdalena, München 2004 (L'Évangile de Marie, Paris 1997)

(4)   Charles Foster, Die Akte Jesus, München 2008 (The Jesus Inquest, Oxford, 2006)

(5)   Prof. Dr. Günter Ewald, Nahtoderfahrungen – Hinweise auf ein Leben nach dem Tod?, Kevelaer 2009

(6)   Prof. Dr. Johannes Michels, Zu Besuch im Himmel – Nahtod: Authentische Berichte, kompetente Analysen, Leipzig 2011

(7)   Dr. Elisabeth Kübler-Ross, Befreiung aus der Angst, München 2010

(8)   Dr. Raymond A. Moody, Leben nach dem Tod, Augsburg 1994 (Life After Life, New York 1975)

(9)   Dr. Eben Alexander, Blick in die Ewigkeit – Die faszinierende Nahtoderfahrung eines Neurochirurgen, München 2013 (Proof of Heaven, New York 2012)

(10) Christine Stein, Like An Angel – Einmal Himmel und zurück, Lütz 2013

(11)   Dr. Elisabeth Kübler-Ross, Was der Tod uns lehren kann, München 2010

(12)   Rev. Dr. Robert H. Schuller, Don't Throw Away Tomorrow, San Francisco 2005 (Anm.: Jetzt auch in Deutsch erhältlich)

(13)   Mary Ann Winkowski, Mit Geistern reden, München 2012 (When Ghosts Speak, New York 2007)

(14)   Pascal Voggenhuber, Leben in zwei Welten, Köln 2007

(15)   Petra Reski, Mafia, München 2008

(16)   Roland Bachofner, Jenseitsansichten – Kontakte mit der geistigen Welt, Radeberg 2010

(17)   Kim-Anne Jannes, Das Jenseits und die geistige Welt – Meine Arbeit als Medium, München 2011

Internethinweise

www.netzwerknahtoderfahrung.org
(Netzwerk Nahtoderfahrung e. V.)

www.solwodi.de
(Solidarity with Women in Distress)

Über den Autor:

Christoph Jakob Firneis,
geboren 1963 in Duisburg,
Abitur 1982,
Grundwehrdienst bis Ende 1983,
gescheitert als Student,
ebenso zweimal als Unternehmer,
beruflich tätig als
Maschinenbediener, Fahrer,
Paketzusteller, Lagerist,
Sicherheitsmitarbeiter,
stellv. Niederlassungsleiter,
seit 2011 Postzusteller.
Er lebt und arbeitet in einer
nordrhein-westfälischen Stadt.

Dieser Auszug aus meinem Lebenslauf, der zwar nicht gerade die beste Reklame für mich ist, muss allerdings mit erwähnt werden, weil ich nur dann glaubwürdig sein kann, wenn ich mich als denjenigen darstelle, der ich tatsächlich bin.